ユーミンの罪

酒井順子

講談社現代新書

目次

1　開けられたパンドラの箱

ひこうき雲

1　ひこうき雲
2　曇り空
3　恋のスーパーパラシューター
4　空と海の輝きに向けて
5　きっと言える
6　ベルベット・イースター
7　紙ヒコーキ
8　雨の街を
9　返事はいらない
10　そのまま

（1973年11月20日発売）

1973年

石油ショックでトイレットペーパーの買い占め騒動が起きる。山口百恵、キャンディーズがデビュー、南こうせつとかぐや姫「神田川」、小坂明子「あなた」がヒット曲に。小松左京『日本沈没』が400万部の大ベストセラーになった。

軽やかでお洒落な「死」

ユーミンこと荒井由実がデビューしたのは、昭和四十七年、一九七二年のこと。シングル「返事はいらない」（B面・「空と海の輝きに向けて」）によってでした。ユーミンはその時、多摩美術大学の一年生。そして翌年、昭和四十八年（一九七三）には、デビューアルバム「ひこうき雲」を出します。

「ひこうき雲」という単語を聞くと、人はのどかで牧歌的な印象を受けるわけです。最近では宮崎駿監督の引退作「風立ちぬ」の主題歌となったこの歌は、映画の主人公が抱く空への夢ともよくマッチしたもの。しかし、

「誰も気づかず　ただひとり
あの子は昇っていく
何もおそれない、そして舞い上がる
空に憧れて
空をかけてゆく
あの子の命はひこうき雲」

という歌詞を見れば、この歌のテーマが「死」であることは一目瞭然です。十九歳とい

う、「生き盛り」のお年頃の女の子がデビューアルバムのタイトルソングとして選んだ歌のテーマが、命の終わり。このコントラストは、一九七三年に生きる人々にとって印象的だったことでしょう。

それまでの日本の歌にも、死を扱ったものはあります。たとえば、ユーミンのデビューと同じ年にレコード大賞を受賞したのは、ちあきなおみの「喝采（かっさい）」であるわけですが、こちらもまた死を扱った歌。今なお人々の記憶に残る名曲「喝采」は、昔の恋人の死の後もステージに立ち続ける歌手の心情を歌ったもの。愛する人の死の悲しみを胸に秘めつつステージ上で喝采を浴びる歌手の胸の内が伝わる、哀歌です。

対して「ひこうき雲」が扱う死は、胸の奥に溜るような哀しみを伝えません。死が、軽やかなのです。ほとんどお洒落と言っていいほどに。

「ひこうき雲」の死には、モデルがあるようです。一九八三年刊行のインタビュー集『ルージュの伝言』には、小学生時代の同級生に筋（きん）ジストロフィーの男の子がいて、その子が高校一年の時に亡くなったということが書いてあります。その子は「すごい金持ちのうちの子」で、「足が悪いわがまま坊主」。ユーミンはその子とは、掃除で机を運ぶ時、

「『そういう足の悪いふりをするのはやめなさいよ』とかってその子にいっちゃうのよ。それ、優しさだと思っていうのね。ほんとはできるんでしょっていう気が、そんな単純な

心理じゃなかったのかもしれないけど、あったんだと思う」
といった関係。

小学校を卒業して四年後に届いたのは、その子の死の報せ。葬儀に行くと、四年間会っていなかったその子は、遺影の中で知らない高校生になっていました。

「そのとき思ったの。ああ、結局昔のことっていうのはフローズンになっちゃうんだな、と。写真とかだけが大人の顔してってさ、高校生の顔してってさ。

それでそのことがけっこうインパクトがあってつくった歌が『ひこうき雲』って歌。高校の終わりか大学の頭に作ったのよ」(同)

ユーミンは、「瞬間」を歌にする人です。ストーリーやイデオロギーや感情そのものを歌にしていくのではなく、感覚であれ、具体的な事物であれ、一瞬「あ」と思ったこと、一瞬強力に光ったもの、その瞬間を鋭い刃物で切り取り、すくい上げる。そして「あ」という感覚や光の強さやらを薄めないよう、極度の慎重さをもって、歌に仕立てていくのではないか。

「ひこうき雲」で言うならば、それは一人の人が死に至るまでを歌ったわけでもなければ、死の悲しさや哀悼の意を表現したものでもありません。「人間は死ぬ」ということ。そんな死んだ人間は、ある時の姿のまま、他人の記憶の中で〝フローズン〟されること。

一瞬の感覚が一つの曲に閉じ込められています。

ユーミンはデビュー当時、ニューミュージックの人と言われていました。

「ニューミュージックって言葉は嫌いなんだけど、まあこういう音楽は私がはじめたわけでしょう。私、ゼロからはじめたんだもの」(同)

とユーミンも言っているわけですが、ではニューミュージックとは何が「ニュー」だったのかと考えてみると、それは「瞬間を切り取る」という部分であったのではないかと私は思うのです。

　何かを訴えるのでもなく、伝えるのでもなく、ぶつけるのでもなく、シチュエーションをそのまま提示するのが、ユーミンの歌。つまりは面や線ではなく「点」だけを示すそのやり方こそが「ニュー」だったのではないか。

　ニューミュージックという言葉自体は、一九七〇年代の半ばになってから、人口に膾炙(かいしゃ)したようです。演歌よりニュー、歌謡曲よりニュー、そしてフォークよりもニュー。

　特に、「フォークよりもニュー」ということは、ユーミンにとって重要だったと思われます。フォークというと、ジーンズにてれっとしたシャツを着た長髪でガリガリの若者が、生活感溢(あふ)れる歌を歌うという印象。

「四畳半フォークって言葉、私が考え出したんだよ」(同)

ともユーミンは言っていますが、吉田拓郎やかぐや姫といった、当時の人気フォークシンガー達の生活感溢れる歌と自分の歌は違うのだ、という自負を持っていた。

「日差しがこうだとか、波の具合いがこう」（同）といったシチュエーションは、幸福な人しか切り取ることができないし、また幸福な人しか享受することができないものです。喰うや喰わずの人にとって、日差しとか波とかの具合いなど腹の足しにもならぬでしょうし、健康でない人にとっても然り。すなわちユーミンの歌は、平和で満ち足りた世であるからこそ誕生し、そして人々に受け入れられていったものではないでしょうか。

ユーミンの甘い傷痕

ユーミンがデビューした一九七二年は、田中角栄が初めて首相になった年です。日本列島改造論のもと、日本中に高速道路と新幹線がはりめぐらされようとしていました。ちなみに、パンダが来たのもこの年です。一九七〇年には「an・an」が、翌年には「non-no」が創刊され、アンノン族の姿も登場しはじめた頃。学生運動も既に終わっていた日本はこの頃、十分に平和で豊かであり、これからますます右肩上がりの成長をしようとしていました。

ユーミン自身も、豊かに育ちました。生まれは、東京・八王子。大正元年に創業された、荒井呉服店という大店のお嬢さんです。

八王子市は、都心から見ると、中央線の奥の方という印象がある地です。「中央線で西に向かうと、『じ』がつく駅がくる度に気温が一度ずつ下がる」と言われていますが（高円寺、吉祥寺、国分寺、八王子）、確かに八王子の駅を降りると、近づいてきた山の冷気がひやりと感じられるような気がするもの。

戦国時代から北条氏の城があった、八王子。その後、八王子は戦いに勝った徳川家康の治めるところとなったわけですが、甲州街道の宿場町という交通の要衝であり、また多摩地域における物資の集積地であった八王子は、多摩の都会でありました。

荒井呉服店は、八王子駅から甲州街道に出た辺りに今も存在しています。近くには「八日市宿跡」という石碑があり、この辺りはかつて宿場町だった一等地。荒井呉服店の他にも、人形店やお茶屋さん、鞄店といった昔ながらの専門店が周囲にはあり、古い町であることがわかるのでした。

その中でも荒井呉服店は、ひときわ大きな店舗です。店先には、一三八〇円の「カッポーぎ」なども売っていましたが、中に入ってみると、着物はもちろん、バッグやジュエリーまで。そして奥行きが広いことと広いこと、一本裏の道まで突き抜けています。
シャンデリアが下がる吹き抜けを見下ろしつつ階段を昇れば、広い座敷があって、

「奥様、こちらなどよくお似合いになりますよ」

などと反物(たんもの)を広げたりする場所。実際、私が行った時は、若いお嬢さんが成人式用と思われる振り袖を誂(あつら)えていました。今は着物を着る人が少なくなりましたが、きっとかつては多摩中の裕福なご婦人達が、ここで華やかに着物を選んだのでしょう。

そして八王子は、昔から「桑都(そうと)」と言われた地。つまり、養蚕や織物業が盛んな、糸偏産業の地でもあったのです。都心から離れていても、荒井呉服店には良い品が集まっていたに違いありません。店の片隅には、ユーミンのお父さんとお祖父さんの銅像もあり、いかにも地元の名士感が漂っていました。

八王子というと、都心から見るとちょっと遠めのベッドタウンという印象があるものですが、実はここは古くから栄えていた町であり、その町の一等地に立つ老舗(しにせ)に生まれたのが、ユーミンでした。そして実家のお商売は、呉服店。ファッションに対する感覚も、幼い頃から鍛えられたに違いありません。

大店のお嬢さんは、鋭い感性の持ち主でした。

「子供の頃、春の晴れた日、空気のなかの光のつぶつぶまでが見えていた記憶があります」（「ａｎ・ａｎ」連載「ユーミンの永遠を探せ！」）

とユーミンは書きましたが、光のつぶつぶを見ながら、少女・ユーミンは、つぶつぶを見ている刹那（せつな）の自分を切り取る客観性をも持っていました。

「刹那」とともにもう一つ、ユーミンにとってキーワードがあるとしたら、「永遠」ではないかと私は思います。デビューシングルのB面曲「空と海の輝きに向けて」には、

「この人生の青い海原に
おまえはただひとり帆をあげる
遠い波の彼方に金色の光がある
永遠の輝きに命のかじをとろう」

という詞がでてきます。

少女は、永遠の方向に向かって、かじを取っています。たいていの少女が、まだその刹那刹那でしか生きていない年頃に、一人の早熟な少女は、誰よりも刹那の重要性を理解しながらも、遥か彼方にある永遠を夢見ていました。

刹那を切り取り、積み重ねていくことで、永遠を目指す。そんな意識が込められているような気がする、ユーミンのごく初期の歌。そしてその姿勢は、今もなお精力的に活動を続けるユーミンの中に、生き続けている気がしてなりません。

ユーミンファンの女性達は、ユーミンが提示したお洒落なシチュエーションにばかり惹（ひ）かれたわけではありますまい。刹那の輝きと、永遠の魔力。両者を手に入れようとするユ

ーミンの姿勢と時代とが合致したからこそ、彼女はスターになりました。

ユーミンは女性達にとっての、パンドラの箱を開けてしまったのです。ユーミンという歌手が登場したことによって、成長し続ける日本に生きる女性達は、刹那の快楽を追求する楽しみを知りました。同時に、「刹那の快楽を積み重ねることによって、『永遠』を手に入れることができるかもしれない」とも夢想するようになったのです。

日本の若い女性達にそのようなうっとりした気持ちを与えたのは、ユーミンの大きな罪です。刹那と永遠、両方を我が手に抱こうとした女性が大量に出現したことは、世の中にも少なくない変化を与えたのだと思う。

今思えば、ユーミンが見せてくれた刹那の輝きと永遠とは、私達にとって手の届かない夢でした。しかしその時、それらはあまりにも甘く、魅力的に見えたのです。歌の世界に身を委ねることによって、私達は今よりももっと素敵な世界に飛んで行くことができましたし、未来もずっと「今よりもっと素敵な世界」が続いていくように思えたのですから。

ユーミンに対しては、「いい夢を見させてもらった」という気持ちと、「あんな夢さえ見なければ」という気持ちとが入り交じる感覚を抱く人が多いのではないでしょうか。かく言う私も、その一人。ユーミンを聴かずにもっと自分の足元を見ていたら、違う人生もあったかもね、とも思います。

しかし、自分の感情と生活が描くカーブと、ユーミンの曲が提示したカーブとがぴったり一致したと誤解することができた、若い頃。あのシンクロ感に伴うぞくぞくするような興奮は、今もユーミンの曲のイントロを聞くと湧き上るのであり、その感覚に軽く鳥肌を立てつつ、「これにはとても抗えなかった……」と、思うのです。

本書では、ユーミンが我々に遺した甘い傷の痕跡（こんせき）と、世の中に与えた影響とを検証します。デビューアルバム「ひこうき雲」から、一九九一年リリースの「DAWN PURPLE（ドーン パープル）」まで。ユーミンと世の中、どちらがミラーボールでどちらが光源なのかは定かではありませんが、キラキラと輝き続けた時代に、戻ってみたいと思います。

2　ダサいから泣かない

MISSLIM

1　生まれた街で
2　瞳を閉じて
3　やさしさに包まれたなら
4　海を見ていた午後
5　12月の雨
6　あなただけのもの
7　魔法の鏡
8　たぶんあなたはむかえに来ない
9　私のフランソワーズ
10 旅立つ秋

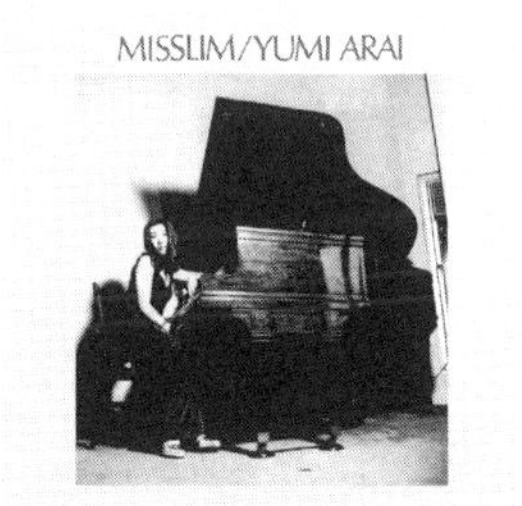

（1974年10月5日発売）

1974年

長嶋茂雄が後楽園で「巨人軍は永久に不滅です」と宣言し引退。東京国立博物館で「モナ・リザ」公開、150万人が入場。ユリ・ゲラーのスプーン曲げで超能力ブームが起きる。映画『エマニエル夫人』が公開され大反響、観客の８割は女性だった。

届きそうで届かない「憧れ」

ユーミンの歌に出てくるスポットといった時、多くの人が思い出すのは「山手（やまて）のドルフィン」かと思います。ドルフィンとは、ユーミン二枚目のアルバム「ＭＩＳＳＬＩＭ（ミスリム）」の中の「海を見ていた午後」に出てくる、お店の名前。

私がユーミンという歌手に目覚めたのは、中学二年か三年の頃でした。私が通っていた学校はユーミンの出身校であり、ユーミンは誰もが敬愛するＯＧ。中学生になると、お姉さんがいる友人からユーミンのカセットテープなど借りて、「お、おしゃれ……っ」と、うっとりしながら聴いたものです。

「ＭＩＳＳＬＩＭ」が出たのは一九七四年ですが、そんなわけで私がこの歌を初めて聴いたのは中学生になってから、つまり一九八〇年くらい。

東京の中学生にとって、横浜方面のどこかにあるらしい「山手」は、未知の場所でした。山も海も無い東京内陸部に住む我々にとって、「海が見える高台にある店」は、夢のように洒落たシチュエーション。「私達も大人になったら、そんな店に行ってみたい」と夢想しつつも、「しかし私はきっと、大人になってもドルフィンに行くことはないだろう」という予感も、持っていました。

ユーミンがちらつかせる、少し手を伸ばせば届きそう、でも届かなそうな「憧れ」に接したのは、この時が初めてだったのだと思います。「山手のドルフィン」は、外国にあるわけではありません。距離としては、東京からさほど離れているわけではないし、超高級店というわけでもない。しかし山手のドルフィン的存在は、逃げ水のように追いかけると逃げていく……。

「MISSLIM」は、ユーミンの二枚目のアルバムであると同時に、四枚ある荒井由実名義のアルバムのうちの二枚目ということにもなります。「MISSLIM」とは、「MISS」と「SLIM」を合わせた造語だそうです。今でもユーミンはスタイルが良いわけですが、若い頃も、さぞかししゅっとしていたのでしょう。

最初のアルバム「ひこうき雲」と二枚目の「MISSLIM」、この辺りは、ユーミンにとってのいわばファースト・ドリップです。ものを作る人間は、ごく初期の作品に、それまでの人生において溜めていたものを全て出すのであり、そこには「その人らしさ」を形づくる要素が凝縮されているものです。

『ルージュの伝言』には、

「今まで思春期とか、幼少時代送ってきたのをすべてはき出していたアルバムが『ひこうき雲』と『MISSLIM』という二枚なの」

とあります。「ＭＩＳＳＬＩＭ」の一曲目は「生まれた街で」という曲ですが、これはまさにユーミンにとっての生まれた街、ということでしょう。三曲目「やさしさに包まれたなら」の最初の歌詞は、

「小さい頃は神さまがいて
不思議に夢をかなえてくれた」

という、幼少期を思い描いた一文。そして四曲目の「海を見ていた午後」には、ユーミンの青春時代の思い出が反映されています。

ユーミンがここに「ドルフィン」という店の名を出したのは、何故なのでしょう。曲の中に固有名詞を出すのは、この時代極めて珍しい例であったかと思われます。固有名詞はイメージを限定するため、不用意に使用すると詞の世界を狭め、平板化する恐れがありますし、どの固有名詞を選ぶかは、センスが問われるところ。

その後のキャリアにおいても、絶妙な固有名詞遣いを見せるユーミンは、このアルバムにおいて二つの固有名詞を使用しており、一つが「山手のドルフィン」、そしてもう一つが「フランソワーズ」という人名。「私のフランソワーズ」という曲名にもなっていることの人名は、フランスの歌手であるフランソワーズ・アルディのことなのでした。

ドルフィンは、ユーミンがよく行っていた店の名です。ユーミンは中学・高校時代から

キャンティだの立川や横田のベースだのへ出入りするという、当時としては最先端の遊び方をしていた人。「MISSLIM」は、ノースリーブのシックなドレスを着たユーミンがグランドピアノの前に座っている写真がジャケットになっていますが、このピアノは「六本木の女王とかいわれてた、キャンティの梶子さん」（キャンティの創業者夫妻の妻）のピアノだし、遊び仲間だった中国人男性が、キャンティの川添象郎氏（「梶子さん」の夫である川添浩史氏と前妻との間に生まれた長男）とともに大麻で逮捕された時、「根岸のドルフィンのすぐそばの外人収容所へ入れられちゃった」のだそうで、その中国人に恋をしていたユーミンは、しばしば面会へ。外人収容所の近くにドルフィンがあったということで、ユーミンの青春時代の思い出とともにドルフィンは存在します。我々がドルフィンに手を伸ばしても届かないような気がしたのは、店自体に行くことはできても、そんな背景には決して出会うことはできないからです。

しかし「海を見ていた午後」は、逮捕された中国人であったり、はたまた別の人であったりといった、具体的な恋の事象を描いた歌ではないのでしょう。前章でも書きましたが、ユーミンはある瞬間の感覚や雰囲気を、歌にする人です。高台の店からガラス越しに見た春の海、その一瞬のための額縁が「海を見ていた午後」という曲なのです。

自分を客観視する女

「あなたを思い出す　この店に来るたび」
で始まる「海を見ていた午後」は、別れの歌です。「ソーダ水の中を　貨物船がとおる」という歌詞も印象的で、ユーミンゆかりの地を詣でる人々は、この店で必ずソーダ水を頼むわけです。ソーダ水は、「小さなアワも恋のように消えていった」という歌詞、すなわち若き日のうつろいやすい恋の「泡沫（うたかた）」感を引き出すのに、最も適した飲み物であったということでしょう。

この歌の中で私にとってもう一つ印象的な歌詞は、

「あのとき目の前で　思い切り泣けたら
今頃二人　ここで海を見ていたはず」

という部分です。普通の女性であったら泣くであろうシチュエーション、おそらくは別れの場面において、この歌の主人公は泣かなかった。その場面で「別れたくない！」とか「死んでやる！」と言って泣いていたら、主人公は一人でソーダ水を飲むことはなかったのです。

「泣かない女」は、演歌の世界でも好んで歌われてきました。が、演歌の中の泣かない女は、たとえば美空ひばりの「別れの宿」において「倖せでしたと目をとじて甘えてみたい

夜明けです　泣かないわ　泣かないわ　ひとりでも」と歌われたように、本当は泣きたいのに、意地とか根性、自己犠牲の精神で涙をこらえて、むしろ笑ってみせるような女。

対してユーミンの歌における泣かない女は、ダサいから泣かないのです。別れの瞬間という、誰もが泣く場面において泣くという当たり前さを、格好悪いと感じる。そこで泣く方が、女としての戦略上は得なことがわかっていても、その得はあえて取らないスマートさを選んだのが、ユーミン世界における泣かない女。

ダサいから泣かないという女は、この時代、新しい存在であったのだと思います。ユーミン的お洒落さは、恋愛を継続させる手段としての涙を、よしとしませんでした。この手の世界に憧れてクールな女性を目指した結果、すぐそこにある幸福を他人にかっさらわれることになった女性は、八〇年代以降、急速に増えていったものと思われます。

「MISSLIM」の中の「たぶんあなたはむかえに来ない」もまた、恋の終わりの歌です。この歌の主人公は、何か嫌なことがあって恋人の許(もと)からどこかへ行ってしまったのですが、すぐに思い直して「心はもうとっくにくやんでいるのに」という状況なのです。が、そこでふってきたのは、激しい雨。結果、

「たぶんあなたはむかえに来ない
　フラれてしまった」

と、歌は続きます。

この歌の主人公も、雨の中、彼の許に走っていって、泣きながら謝ったりはしません。それをしてしまったら、この歌はフォークです。彼女は自分から出ていきながら、「雨だから迎えにこないだろうなぁ、フラれてしまったなぁ」とただ、思っている。

もちろん、別れの予感はその前からあったのでしょうが、「フラれ」そうな時にひと頑張りする情念は、感じられません。

「たまにはひとり　どこかへ行きたかった
たまには少し　心配させたかった
ただそれだけ」
……だったのに。

そして私は、ここに出てくる「ただ……だけ」的な言い方もまた、当時は新鮮なものだったのだと思うのです。昨今、女性が書く女性目線の歌詞には、この「ただ……だけなのに」的なフレーズが頻出(ひんしゅつ)します。「……」部分には、「あなたと一緒にいたかった」とか「あなたをみつめていたかった」といった言葉が入るわけですが、つまり「私はそう大それたことや複雑なことを望んでいたわけではない。だというのに、その願いすら叶えられず悲しい思いを強いられている私は、何て可哀想なのだろう」という、自己憐憫(れんびん)の情が表現されている。

最近の「ただ……だけなのに」構文は、その自己憐憫の情に書き手が陶酔(とうすい)している感があるものです。が、その構文をごく初期に取り入れたユーミンは、決して陶酔しきっていません。「ただそれだけ」と、少しうっとりしながらも、最後は、

「フラれてしまった」

と、あまりにも潔(いさぎよ)く、冷静に締めるではありませんか。

八〇年代は、女の時代と言われました。女性はどんどん強くなっていったのだ、と。ユーミンは七〇年代半ばに、既にその時代を予感し、先取りしていたのです。男性との交際、その先にある結婚のために、涙という手段を使わない女。そして、自己憐憫にうっとりしても、そんな自分を客観視する女。そういった女性像を、一九七四年に二十歳だった荒井由実は、描いていました。その歌詞は女性達を励ますと同時に、「男とつがいになるためには手段を選ばない」というなりふり構わない必死さを、彼女達から奪ったのではないか。「男にしがみつかない女」は、確かにダサくはありませんでした。が、客観視の結果として見えてしまうダサさを怖れるあまり私達は、野太い生命力のようなものを失った気もするのです。

「自分はおそらく、ドルフィンに行くことはないであろう」という中学時代の予感は的中

し、私は山手のドルフィンでデートなどすることのない青春時代を過ごしました。今回、ユーミンの軌跡を辿るために初めて行ってみると、ドルフィンの最寄り駅は、ＪＲ根岸駅。

ここは、根岸線の駅であるとともに、貨物駅でもあります。駅南側には製油所があって、石油を運ぶタンク車がたくさん停まっているという、貨物好きにはたまらないだろうけれど、全く情緒的ではない駅。

ドルフィンは、普通であれば駅からタクシーに乗る距離の、高台にありました。当時を知る人によれば、昔は大人っぽいシックな造りであったそうですが、一九九八年に改装されて、微妙な雰囲気のカフェレストランになっていました。広い店内にちらほらいる客は中年層で、従業員は東南アジア系の人達。

メニューには、「ドルフィンソーダ　八〇〇円」とあります。「時と共にソーダ水の中の風景は変っても　今でも変らないドルフィンソーダ」という一文が、詞書(ことばがき)のように添えられていました。ドルフィンソーダをオーダーすると、しばらくして店内に響いたのは、おそらくはサービスの一環なのでしょう、「海を見ていた午後」。

ユーミンの声は今よりも若く、そして窓の外には、遠くに少しだけ見える海。ソーダ水の味が昔と同じかどうか、私には知る由(よし)もないのですが、ソーダ水の泡のように消えていってしまうものが恋だけではないことを、あの頃のユーミンは既に知っていたのでしょう。

3　近過去への郷愁

COBALT HOUR

1　COBALT HOUR
2　卒業写真
3　花紀行
4　何もきかないで
5　ルージュの伝言
6　航海日誌
7　CHINESE SOUP
8　少しだけ片想い
9　雨のステイション
10　アフリカへ行きたい

（1975年6月20日発売）

1975年

英国のエリザベス女王夫妻が初来日し、日本中がロイヤル・ブームに沸く。映画『タワーリング・インフェルノ』『ジョーズ』が公開、パニックものが流行する。子門真人「およげ！たいやきくん」、布施明「シクラメンのかほり」が大ヒット。

元彼と元彼女のドライブ

「コバルト」はそもそも、ギリシャ語で、鉱山の地下に棲む妖精Ｋｏｂｏｌｄからきている言葉なのだそうです。それは、金属元素の一種。医療用のガンマ線源等として使用されるわけですが、美しい青色を生み出すところから、「コバルト」はまた、ロマンティックな印象を持つ言葉でもあります。

私の年代であれば、集英社のコバルト文庫を思い出す人も多いことでしょう。一九七六年に創刊され、今も続くコバルト文庫。ティーン向けのコバルト文庫は、今はボーイズラブ系の小説が多いようですが、私がティーンの時代は、若者の愛と性を赤裸裸に語る実録もの的シリーズもあって、どぎまぎしながら友達と貸し借りしていたものでした。おそらくは「青い春」の青からくる、コバルトだったのだと思います。

ユーミン三枚目のアルバム「ＣＯＢＡＬＴ ＨＯＵＲ」は、コバルト文庫創刊の一年前、一九七五年にリリースされました。ユーミンはこの時二十一歳。そしてこの年の暮れに、ユーミンは婚約しています。

「ＣＯＢＡＬＴ ＨＯＵＲ」のジャケットは、明るい雰囲気です。それは、当時の売れっ子イラストレーター、故・ペーター佐藤のイラスト。エアブラシで描かれたユーミン像の背景には、コバルト色の空、セスナ、そしてピンク色の大きなハート。間もなく婚約をする才能豊かな若いミュージシャンのアルバムジャケットらしく、わくわくするような幸福感がそこからは溢れています。

実際、一曲目の「COBALT HOUR」は、明るい曲なのです。イントロからして心が浮き立つようだし、

「夜の都会を　さあ飛び越えて」

とか、

「港へ続く高速道路
空を流れるミルキィウェイさ」

といった歌詞からは、車で都会生活を謳歌する若者の姿が想像できます。今は若者が車に乗らない時代ですが、当時の若者が車を持つということは、今では考えられないほどのアドバンテージでした。

しかし「COBALT HOUR」の歌詞をよく読んでみると、これは果たして明るい曲なのかが、疑問に思えてくるのです。何となく聞いていると、「COBALT HOUR」は、出会ったばかりの男女が楽しくドライブする曲という感じがします。が、ドライブしている二人の関係性は、出会ったばかりでも、現在進行形でもない。

「あなたは昔　SHONAN-BOY
わたしは昔　YOKOSUKA-GIRL」
なのであり、
「なつかしすぎる海が見えたら
二人の胸によみがえる恋」
なのです。

つまり二人は、昔付き合っていた元彼と元彼女。何かのきっかけで再会し、深夜から夜明けのドライブで懐かしい道を走っているうちに、懐かしい恋の感覚がよみがえってきた、その時の空はコバルトブルー……という歌なのです。

ちなみに、「夜の都会を　さあ飛び越えて」の後に続くのは「1960年へ」という歌詞。そして二人が乗っているのは、「白いベレG」です。

いすゞのベレットGTは、一九六四年から、約十年間生産されていた車です。日本車初のセパレートシートやフロアシフト等を取り入れたスポーティーな4ドア車「ベレット」を、2ドアのクーペタイプにしてさらに高性能なエンジンとしたのが、「ベレットGT」。カーレースでも活躍し、車好きの間で人気を誇っていました。

当時を知る車好きに話を聞くと、中でも白のベレGは、数も少なく、相当インパクトのある存在だったのだそう。今では、白い車というと無難な印象を受けますが、当時のスポーツタイプの車でそれも白というのは、希少価値が大きい存在だったのだそうです。「ＣＯＢＡＬＴ ＨＯＵＲ」発売時には、ベレＧの生産は既に終わっていました。が、進化しきらずにその生を終えたという印象のあるベレＧは、生産終了後も人気を保ち続けたようです。つまり「ＣＯＢＡＬＴ ＨＯＵＲ」における二人も、ちょっと昔のイケてる車に乗って、ちょっと昔に終わった恋を思い返すというタイムトリップをしている。その恋もベレＧと同様、終わってもなお輝きを失っていない……という感じか。

しかしこれは、「焼けぼっくいに火」という歌ではないのだと思います。ちょっと昔の恋は、コバルト色の空であったからこそ、眩(まぶ)しく見えた。コバルトの時間が終わって夜が明けたら、彼等はきっと、互いの生活に戻っていくのではないでしょうか。

そう思って聴いてみると、アルバム「ＣＯＢＡＬＴ ＨＯＵＲ」には、近い過去を振り返る歌が多いのでした。たとえば、「卒業写真」。今でも、卒業の定番ソングとして有名なこの歌、そういえば私も高校の卒業謝恩会において、級友達と歌いましたっけ。

この歌は、正確に言えば卒業ソングではありません。卒業して数年後ソング、なのです。高校を卒業して、おそらくこの歌の主人公は大学もしくは短大へ進学したのだと思います。当時は、戦後から高度成長期にかけて上昇し続けてきた大学進学率が、一つのピー見ぬ地への憧れを描く曲です。近過去への郷愁や、ちょっとした不幸。そういったほろ苦さをも楽しむことができる大人の味覚を既に持っていたユーミンではありましたが、その視線は若者らしく、さらに遠くの地へと向かっていることがわかります。過去も不幸も、旺盛に咀嚼(そしゃく)し消化しながら、ユーミンの飛躍は、まだまだ続くのです。

4　女性の自立と助手席と

14番目の月

1　さざ波
2　14番目の月
3　さみしさのゆくえ
4　朝陽の中で微笑んで
5　中央フリーウェイ
6　何もなかったように
7　天気雨
8　避暑地の出来事
9　グッド・ラック・アンド・グッドバイ
10 晩夏（ひとりの季節）

（1976年11月20日発売）

1976年

ロッキード事件で田中角栄前首相が逮捕される。モントリオール・オリンピックで「ルーマニアの妖精」といわれたコマネチが10点満点を連発。猿の人形「モンチッチ」が人気を集めた。村上龍が『限りなく透明に近いブルー』でデビュー。

「女の勝手」のラブソング

荒井由実の名前で出した最後のアルバムは、「14番目の月」。14番目の月とはすなわち満月である十五夜の一歩手前であり、「あと少しで満ちる」という状態。このアルバムを出した直後に結婚するという状況のユーミンにとってはまさに適したアルバムタイトルです。

……などと考えるのは他人の勝手な勘ぐりであって、ユーミン本人は、自身の人生とアルバムタイトルをリンクさせるなどといったことは全く考えていなかったようです。『ルージュの伝言』には、

「栗原小巻が主演の映画で、『スリランカの愛と別れ』って映画があるんだけど、その中で高峰秀子がいうのよ。満月の一歩手前の、十四番目の月が好きだって。これ、小唄っぽいと思わない？　あ、これいいな、と思ってね」

とあります。

ユーミンは、家業が呉服店ということのみならず、小学校から中学にかけての頃に清元の三味線を習っていたことがあり、江戸の粋な文化に対する親しみを持っていました。だからこそ「小唄っぽい」と感じた台詞に対して「あ、これいいな」と思った。

木下恵介(けいすけ)監督の「スリランカの愛と別れ」という映画自体は、「小唄っぽい」ものではありません。タイトル通り、舞台はスリランカ。高峰秀子は、満月の夜にだけ高級ホテルにやってきて月を眺めていく、謎めいた婦人という役どころです。江戸とか粋とかといった世界とは関係の無い舞台設定ですが、ユーミンはその映画から「満月の一歩手前」という状態をすくいとりました。

「14番目の月」という歌は、望みのものが手に入ってしまうと途端につまらなくなる、というタイプの女の子が主人公です。

「あなたの気持が読みきれないもどかしさ
だからときめくの
愛の告白をしたら最後
そのとたん終わりが見える」

のです。だから、

「つぎの夜から欠ける満月より
14番目の月がいちばん好き」

ということになる。

この歌についてユーミンは、「an・an」での連載エッセイで、

「それまでラブ・ソングというと失恋か進行形を題材にしたものばかりで、それから主体性のないものがよしとされていた。女性の意志のはっきりしないパターンが多く、『14番目の月』はそれまでラブ・ソングのなかでは女の勝手って許されなかったのを、自分勝手な歌があってもいいじゃないか、という感じで作りました。恋愛のプロセスを楽しもうと意識して作ったわけじゃありません」

と書いています。

この記述の後には、

「最近は十六夜(いざよい)が好きでデカダンって感じがする」

という一文がきてエッセイは終わっているのですが、この文章が書かれたのは一九九一年、ユーミン三十七歳の時。十四番目の月にピンときた二十二歳の時から、時は流れたことを感じさせます。

ユーミンの中の経年変化については時を置いて考えるとして、このエッセイの中で重要なのは、「14番目の月」という歌においてユーミンが重要視していたのが「女の勝手」であるというところでしょう。

歌謡曲であれ演歌であれ、日本の歌における女の姿は、男から選ばれることを欲する女であり、男を待つ女であり、受動的な女でした。「14番目の月」の二年前に出た山口百恵

「ひと夏の経験」では、「あなたに女の子のいちばん　大切なものをあげるわ」という歌詞があります。「女の子のいちばん大切なもの」とは、当時は処女性を暗示したわけで、「それを自分からあげるとは！」と、その大胆な自主性がおおいに話題になりました。

が、歌詞をよく読んでみると、その処女性は「愛する人に捧げるため守ってきた」もの。「こわれてもいい　捨ててもいい」と、やぶれかぶれの姿勢も見えます。この歌の作詞者は男性なのであり、男性から見た「女の子からこんな風に処女を差し出されたらグッとくるだろうな」という欲望の歌であると言えましょう。

対して「14番目の月」は、男性の幻想としての女の自主性をテーマにしたものではありません。恋愛の成就を満月状態だとするならば、まだ恋愛の成否が決定していない状態、その決定権が自分の手中にある状態を、ユーミンは歌っている。その時、男女は並列状態にいるのであり、「ひと夏の経験」のように、「女の子のいちばん大切なもの」を三方(さんぽう)に載せて一段上にいる男性に捧げる、といった感覚はありません。

しかし、それは本当の並列状態でもないのです。「14番目の月」における男女は、車に乗っています。

「月影の道で急に車止めないで
　ドキドキするわ」

ということで、ハンドルは男性が握っている。この歌における女性は、自主性は手に入れているけれど、男性が運転する車の助手席に乗っている。つまり、進む方向の決定権は、男性に委ねているわけです。

ユーミンの歌には、車やドライブといったモチーフがよく使用されています。それらの歌は、どれも男性が運転し、女性が助手席に座るというスタイルを想像させる。

この時代、運転という行為は主に男性がするものでした。警察庁の運転免許統計によれば、アルバム「14番目の月」が出た一九七六年、運転免許保有者の男女比率は、男性七六・七%に対して、女性は二三・三%。女性の免許保有者は男性の三分の一以下でした。

今、運転は男性の行為ではなくなっています。小さな子供を持つお母さんにとって車は必需品ですし、地方に行けば男女関係なく、車が無くては生きていけない。軽自動車を女の子が運転し、助手席に男の子を乗せているという姿も、しばしば見ます。ちなみに二〇一〇年度の統計では、運転免許保有者の男女比は、男性五六・一%に対して、女性四三・九%。

このように一九七六年時点では、女の子は男の子の車の助手席に乗るというのが、ごく当たり前でした。農家の婦人は軽トラを操(あやつ)ったでしょうが、都会の女の子は、自分で移動する時は電車だった。当時のお母さんも、移動の必要がある時はおんぶ紐(ひも)で子供を背負い、電車に乗っていたのです。

八王子までの距離が与えたもの

『ルージュの伝言』の中には、

「わりと湘南方面に友達がいろいろできて、海とか見に行ってたわけ。クルマ持ってる子とじゃないとつき合わなかったから。その彼、ベレGに乗ってたのね。白いベレットGT」

という、高校時代を語る部分があります。「その彼」とは、よくパーティーをやっていた「立教の男の子」。そして前章で記した通り、ベレGそれも白というのは当時、相当イケていた車。ユーミンは、「クルマ持ってる子とじゃないとつき合わな」い女子高生であり、白のベレGを親が買い与えるような男の子と、遊んでいたわけです。

それは、とても贅沢で洒落た青春であるわけですが、しかし「クルマを持ってる子」という選択肢はあっても、「自分で運転する」というところまで、その選択肢は広がっていませんでした。どの助手席を選ぶか、そして助手席から運転席にいる男性にどのような指示を出すかが、当時の女性にとって、選択の幅の限界だったのです。

そんな〝助手席感〟とでも言うべき感覚を象徴する歌が「14番目の月」には入ってい

て、それが「中央フリーウェイ」。将来の夫である松任谷正隆氏はユーミンのデビューアルバムの頃から共に仕事をする間柄であり、やがて二人は付き合うようになったわけですが、車好きとしても知られる正隆氏は、八王子の家までユーミンを車で送ることがしばしばあり、プロポーズも車の中だったとか。

この歌のモチーフは、正隆氏がユーミンを家まで送る、というシーンでしょう。中央道の八王子インターチェンジまでは、高井戸(たかいど)からだと約二十六キロ。都心からだと四十キロほどありますから、高速道路とはいえ遠い。愛があるからこそ、送ることができる道程だと思います。

この、八王子までの距離というものもまた、ユーミンの世界には大きくかかわっています。都心から距離があったからこそ、ユーミンはきらきらしい都会の風俗を客観視することができた。同時に、都心から距離があったからこそ、若い頃にはシンデレラのように懸命に遊ぶこともできたのではないか。

何かの中心にいる人は、案外とその「何か」を表現しようとは思わないものです。たとえば平安貴族の生活を物語や随筆に描いた紫式部や清少納言は、都の貴族の生まれではあるけれど、時を得た家に生まれたザ・お嬢様ではなく、二流くらいの家の生まれ。中心に所属はしている、けれど彼女達はド真ん中からは一歩離れた所にいたからこそ、帝(みかど)を中心とした貴族の生活の光と影をよく見ることができたのです。

そしてユーミンも、結婚するまでは東京の西の端である八王子に住んでいたわけで、その中央からの距離感が、もともと怜悧であった少女に、客観性とガッツを与えました。ですからユーミンが都会性を表現する巧みさは、その地理的条件によるところも大きいのだと私は思います。一時間くらいかけて渋谷に行ったりするのがとてもうれしかった、と『ルージュの伝言』にはありますが、その十五分でもなければ三時間でもないという渋谷までの距離が、表現力と表現欲求とを育んだのではないか。

八王子へと続く中央フリーウェイ、すなわち中央自動車道は、とくだん洒落た道ではありません。杉並区の高井戸から、山梨方面へと向かう道であり、その途中に八王子があるる。

洒落たものを洒落て歌うばかりでなく、洒落ていないものを洒落て歌うことができるのが、ユーミンです。と言うよりも、ユーミンが歌うことによって、全く情緒的でない単語が、別の色合いを帯びてくる。

中央フリーウェイを走れば、「調布基地（調布飛行場。かつて日本軍の基地→米軍基地だった。一九七三年に日本に返還）を追い越し」、「右に見える競馬場（ＪＲＡの東京競馬場。府中競馬場とも）左はビール工場（サントリー武蔵野ビール工場）」。……というわけで、それは遊園地でも公園でもない、どちらかといえば殺風景な風景。

しかしその殺風景さを背景にするからこそ、恋愛の一シーンは、映えるのでした。誰にとっても、恋愛の一時期を鮮やかに思い出させる景色があるかと思いますが、この歌はそういった恋愛の普遍性を刺激する。

この歌がドライブソングの定番となると、中央道をドライブする若者達は、身を乗り出して競馬場やらビール工場やらを見ようとしました。そして、憧れのカップルのように、夜空に続く滑走路気分を味わおうとしたのです。

「松任谷」という名字

「中央フリーウェイ」の主人公は、

「片手で持つハンドル
片手で肩を抱いて
愛してるって言ってもきこえない
風が強くて」

ということで、助手席に座っています。二人の付き合いは安定期に入っており、

「初めて会った頃は

毎日ドライブしたのに
このごろはちょっと冷いね
送りもせずに」

という不満も出る頃（「ちょっと冷いね」というより、八王子まで毎日送るのは「ちょっと厳しいね」だろう、と聴く者としては言いたくなるが）。

しかし彼女は、助手席にいる自分に満足しているのです。

「町の灯がやがてまたたきだす
二人して流星になったみたい」

と、車という狭い空間の中に二人でいることに、一体感を得ている。

ユーミンのその後の人生を知っているせいで思うのかもしれませんが、この一体感と助手席感は、ユーミンを象徴する感覚のような気がしてなりません。ユーミンというと、自立した強い女性であり、時代の開拓者というイメージがあります。しかし彼女は、単独でツルハシを握って世を拓（ひら）いてきたわけではない。パートナーが常に存在し、舵取（かじと）りをするのです。ユーミンの助手席にいながら開拓を続けたからこそ、その姿勢は痛々しくならなかったのではないでしょうか。

パートナーの助手席にいながら開拓を続けたからこそ、その姿勢は痛々しくならなかったユーミンの助手席感は、その名前にも表れています。結婚後、ユーミンは荒井由実から松任谷由実に名前を変えました。「翔んでる女」という言葉が流行したのは「14番目の月」が出た翌年ですが、この時代、旧来の家父長制的抑圧から離れ、自由を求める女性像が新しく見えたわけです。そんな中でユーミンはあえて、夫の名字を名乗った。そんなユーミンを見て、「助手席で、いいんだ」と自信を持った女性も、多かったのではないでしょうか。

本当は、「中央フリーウェイ」という完成度の高い曲を書いたことで、ユーミンの中にはかなりの充足感が生まれたようです。結婚と同時に、「14番目の月」を最後の仕事として引退しようとも思っていたらしい。

が、結婚の段階で、「もし次にレコード出したりするときは」「松任谷という名前カッコいいから、松任谷由実で出しちゃおう」と言った、と。そして「私の美意識では松任谷由実となるのがすごく合っていたのかもしれないね。名前も重みがありっぽいし」（同）ということで、ユーミンは松任谷の姓を名乗るようになりました。

翔んでる女が流行る中で、若くして結婚した後に夫の姓を名乗る歌手は、かえって新しく見えたことでしょう。その新しい姓が「重みがありっぽい」ということはかなり重要なことで、もしも平凡な名字やダサい名字であったら、ユーミンという歌手の行く末は違うものとなっていたのではないか。

「松任谷由実」という「カッコいい」名前は、ユーミンが助手席の人であることを、そして乗っている車がとても上質であることを感じさせます。先鋭的イメージを漂わせた荒井由実から松任谷由実となることによって、ユーミンの歌の世界は、また広がっていくのです。

5　恋愛と自己愛のあいだ

流線形'80

1　ロッヂで待つクリスマス
2　埠頭を渡る風
3　真冬のサーファー
4　静かなまぼろし
5　魔法のくすり
6　キャサリン
7　Corvett 1954
8　入江の午後3時
9　かんらん車
10　12階のこいびと

（1978年11月5日発売）

1978年

成田空港が開港。映画『サタデー・ナイト・フィーバー』が封切られ、ディスコブームの火付け役になる。東京・原宿にブティック「竹の子」開店、竹の子族が登場。「普通の女の子に戻りたい」とキャンディーズが解散、さよならコンサート。

もっとリッチで、もっと素敵なもの

ユーミンの五枚目のアルバム「紅雀（べにすずめ）」は、松任谷由実名義で出した最初のアルバムでもあります。アルバムジャケットは、アジアっぽい衣装を着て座り、射るような視線でこちらを見つめるユーミンの写真。口紅は深紅で、目はくっきりとアイラインで縁取（ふちど）られています。

このアルバムには、「結婚してから最初の作品！」というような勢いというか華やかさは、ありません。「名前も重みがあり、ありっぽいし」（『ルージュの伝言』）ということで松任谷姓を名乗ることになったわけですが、写真の端っこにかかるところに、小さく書き文字で「Ｙｕｍｉ Ｍａｔｓｕｔｏｙａ」とあるだけで、「松任谷」の重みは、極力排除されているように見える。新妻の恥じらい、のようなものでしょうか。

「紅雀」は、この辺りのアルバムラインナップの中では、確かに地味な存在なのです。曲を見ても、「ああ、これこれ！」というようなパッとしたものはない。

これは、ユーミンとしては「ひと呼吸置いた」という感じのアルバムなのだと思います。若くしてデビュー、すぐに売れっ子となり、そして結婚と時を同じくしてレコード会社を替わり……と、十代後半から二十代前半にかけてのユーミンは、激動の日々を駆け抜けていました。だからこそ結婚と同時に引退しようかという気持ちにもなったのでしょう。

が、レコード会社とのごたごたで、意に沿わないベスト盤を出した時、「これじゃ終われない」ということで制作したのが「紅雀」だったらしい。「前にやってた甘くてポップな世界をどっか打ち破ろうと思ったの」「我みたいなものがどっかに出てる、渋い、辛口のアルバムをつくろうということになってつくったわけ」（同）ということで、それは意識的に作られた、甘くなく、ポップでもない、そして質の高いアルバムになったわけです。

ファンの中には、「紅雀」が好きという人もたくさんいます。しかし「中央フリーウェイ」の世界を期待していた人にとって「紅雀」の世界は渋すぎることもまた事実であり、売り上げもそれほど伸びなかったらしい。

が、その経験はユーミンにとって「溜め」のようなものになったのだと思います。「紅雀」では曲作りにも苦労したそうですが、

「で、七八年に出した『流線形'80』で完全に勘が戻ったの」（同）

ということになる。

アルバムジャケットも、静謐感漂う「紅雀」からは一転、「流線形'80」では矢吹申彦に

は最も初期のクリスマスもの。そしてこのアルバムには「真冬のサーファー」という曲も入っているのであり、SURF&SNOWの要素が揃っている。

時はちょうど、サーファーブームが始まった頃。しかし「真冬のサーファー」は、陸サーファーや夏にちょっと海に行くだけのひやかしサーファーではなく、真冬にも波に乗るようなマジなサーファーのことを扱う歌となっています。

冬の歌ではあるものの、この歌には海っぽい感覚がたっぷり盛り込まれています。このコーラスのトロピカルな感じは確かに聞き覚えが……と思ったらおお、山下達郎の名がクレジットにあるではありませんか。

海で遊び、雪山で遊ぶ。このアルバムは、そんな若者の姿を収めます。この時代の普通の若者達は、スキー板だのサーフボードだのといった大掛かりな用具が必要で、かつその用具を持ち運ぶためにも車移動が望ましいというレジャーに憧れ、手を染めるようになったのです。

「ロッヂで待つクリスマス」には、

「月のゲレンデ　夢を見るように
私はガラスにほほよせる」

という歌詞があります。この歌の主人公は、ゲレンデの雪景色を、ロッヂの室内から見ていることになる。

「ゲームにはしゃぐ人も
炎を見てた人も
いつか　おもてに出て
熱のある日は部屋に残された
子供の私がよみがえり　すわってる」

ということで、他の人が外に出て行っても、主人公はずっと部屋の中にいる。寒い外、しかし室内では暖炉の炎も燃え、あたたか。そんな「庇護（ひご）されている感じ」が、この歌のポイントです。主人公は、皆が外に行っても室内に留（とど）まるわけですが、それは仲間はずれにされているわけではない。いずれ、待っている人が寒い外から帰ってくるのを知っているからこそ、彼女は安心して一人でいることができるのです。

発熱したせいで一人で部屋に残された子供も、孤独ではありません。いつもより親から大切にされ、じっとしていればいいだけという風邪っぴきのひとときを、子供は案外楽しんでいたりする。それと同じ感覚を、ロッヂで待つ人は抱いています。

ツカーに乗る彼を持つ私」でもいいし、「××大学に通う彼を持つ私」でもいいのでしょう。どのような彼を持つかによって自分と自分の青春との価値が決定するが故に、女性達は車種や大学名やスポーツといった、彼に付帯する状況を厳しく選ぶようになってきました。

強い助手席性を持つ女性達は、無理矢理車に乗せられたわけではありません。自分で車は運転しないにせよ、どの車の助手席に乗るかは、自分で選ぶ権利があった。恋愛と自己愛とが分ちがたくなってきたそんな時代背景を、ユーミンは捉えているのです。

「COBALT HOUR」にも記しましたが、時はちょうど、ニュートラブーム。雑誌「JJ」が月刊化されたのは、「流線形'80」が出たのと同じ年です。ニュートラというのはニューなトラディショナルという意味ですから、それは権力や体制に反発するためのスタイルではありません。権力や体制に調和する保守的なファッションを今風にしました、というのが当時のニュートラ。

それはつまり、社会の真ん中を歩いていくような男性からモテるファッションであるわけです。「私はあなたの敵ではありません。あなたのハンドルを決して奪ったりはしませんよ」という、良き助手席資質を持つことを示すファッションが、この頃から流行り始めたのです。

「埠頭(ふとう)を渡る風」はやはり「流線形'80」の中の有名な曲ですが、こちらは男女が車で埠頭(晴海(はるみ)がイメージされているらしい)に行く、という曲です。風を感じさせるスピード感のある曲調で、出だしは、

「青いとばりが　道の果てに続いてる
悲しい夜は　私をとなりに乗せて」

というもの。

やはりここでも、女は助手席にいます。勇ましいと言っていいほどのメロディーなのですが、メロディーとはうらはらに、女は優しい。男はなにやら傷ついている様子なのですが、

「何もいわずに　私のそばにいて」
「もうそれ以上　やさしくなんて　しなくていいのよ」
「何もきかずに　横顔で笑って」

と、彼女は男に自分を見ることすら求めず、ほとんど母性のような優しさで男を見つめるのです。

いつでも男を「見て」いる、「流線形'80」の中の女。恋が終わった後の歌もここには収められているのですが、恋が終わった、すなわち助手席に座る権利を手放した女が乗るの

は、「かんらん車」。

「かんらん車」では、

「あとに残った　ひとりの足音は

川辺りの遊園地をたどる」

ということで、女は一人で遊園地にやってきて、

「さびついたかんらん車に腰をおろせば」

という状況になります。

恋を失った女は、運転席も助手席も無い「かんらん車」に乗ります。しかし女はまだ、「見て」います。かんらん車が次第に上っていけば、眼下には、

「あなたの住むあたり広がってゆく」

のですから。

この時代、女は男を「見て」いました。助手席から、浜から、ロッヂから、そして別れた後はかんらん車から。しかしそれは、ただすがるように見ていたわけではない。「この男は、私に価値を与えてくれるのか」と女達は見定めていたのであり、彼女達のそんな男性を通して深める自己愛が、この先もどんどん肥大していくことを予感させるのでした。

6　除湿機能とポップ

OLIVE

1　未来は霧の中に
2　青いエアメイル
3　ツバメのように
4　最後の春休み
5　甘い予感
6　帰愁
7　冷たい雨
8　風の中の栗毛
9　稲妻の少女
10　りんごのにおいと風の国

（1979年7月20日発売）

1979年Part1

「鉄の女」サッチャーが英国で初の女性首相になる。東京でアジア初のサミット開催。YMOがデビュー、テクノカットが流行する。西城秀樹「YOUNG MAN」、ジュディ・オング「魅せられて」、さだまさし「関白宣言」がヒット。

飛び降り自殺すら詩的

「ＯＬＩＶＥ」は、一九七九年に出た、ユーミン七枚目のアルバムです。「ＯＬＩＶＥ」というと、かつてマガジンハウスから出ていた少女向けのファッション雑誌を想像される方も多いかと思いますが、このアルバムが出た一九七九年には、まだ雑誌「Ｏｌｉｖｅ」は創刊されていませんでした。

雑誌「Ｏｌｉｖｅ」は、今もある「ＰＯＰＥＹＥ」の女の子向けバージョンとして創刊されました。往年のアメリカン・コミック「ポパイ」の主人公である水兵さんのガールフレンドが、オリーブ（フルネームは「オリーブ・オイル」）ということでの、命名。

オリーブは、背が高くて痩せっぽちの女の子です。顔も小さく手足が長く、今で言うならばモデル体型と言うことができましょう。「ＯＬＩＶＥ」というアルバムタイトルが、マンガの「ポパイ」における「オリーブ」と関連づけられているかはわかりませんが、当時の多くの人々は「オリーブ」という単語を見た時、女性的なイメージを受けたわけです。

「オリーブ」という単語が想起させる女性イメージは、肉感的ではなく、植物っぽいものです。前述の通り、マンガ「ポパイ」におけるオリーブは、ガリガリの痩せっぽち。決してお色気たっぷりタイプではありません。多くの人は「マリリン」とか「ベティ」といった女性名を聞いたなら、湿り気とお色気をもった女性像を浮かべるかと思いますが、「オリーブ」は低湿度、低色気のあっさりタイプであり、それはユーミンの世界観と合致した単語であるかと思います。

ユーミンの歌う世界が、全てあっさりしているわけではありません。そこには恨みも嫉妬も涙もたくさん登場します。それどころか、「ＯＬＩＶＥ」には飛び降り自殺の歌まで入っているのであって、それが「ツバメのように」。

「もう会えない　彼女の最後の旅
サイレンに送られて遠ざかる
誰かが言った　あまり美人じゃないと
ハンカチをかけられた白い顔を」

という出だしの歌詞を読むだけで、それはまさに飛び降り自殺の歌。がしかし、

「薔薇のように　舗道に散った汚点(しみ)を
名も知らぬ掃除夫が洗っている」

などという歌詞すらありながら、この曲はお洒落なのです。ほとんど軽快ですらある。

そう、ツバメのように。

『ルージュの伝言』には、「ツバメのように」について、「実は種明かしすると」として、

重みを取り去り、一幅の絵のような歌として仕上げることができる。

有名な「冷たい雨」は、セルフカバー曲として「ＯＬＩＶＥ」に入っていますが、これもまた悲惨な歌です。彼と喧嘩をしたのでしょう、「冷たい雨にうたれて街をさまよった」あとで、ともに暮らしていた部屋に戻ったら、玄関先には、

「あなたの靴とだれかの赤い靴」

という状況が。この男、別の女を呼ぶのが早すぎるというものです。

喧嘩をしたのが数時間前か、数日前なのかは定かではありませんが、男から呼ばれてほいほいと出て行く時に赤い靴をはいていく女というのは、何となく程度が知れる感じがします。おそらく男にとっては手軽な女の一人であり、これからどうこうしようというわけでもないのでしょう。が、なにせ主人公は冷たい雨に濡れそぼってマイナス思考のどん底にいますから、

「あなたは別の人と
ここでくらすと云うの」

と思ってしまう。

「幸せにくらしてなどと願えるはずもない」

とか、

「彼女の名前　教えないでね
うらむ相手はあなただけでいい」
と、恨み節も炸裂。

中島みゆきが歌ったならば、どれだけ声をふるわせてその怒りと絶望を表現するだろうかというこの歌詞からも、ユーミンは見事に湿度を除去してみせるのでした。もちろん、歌詞の湿度を、メロディーとアレンジとで薄めているという面もありますし、また冷たい雨というモノクロの世界に、ぽつんと赤い靴が浮かびあがってくる色彩感覚が湿り気よりも印象的、という面もあるでしょう。ユーミンが、当時の女性達にとって恋愛のカリスマ的存在になったのは、誰もが知っている暗い感情を、重くなくお洒落に、すなわちポップに歌い上げたからなのだと思います。

セックスのベトつきも除去

明るい内容の歌としては、「流線形'80」の「真冬のサーファー」に続き、「ＯＬＩＶＥ」にもまた、サーフィンがモチーフの歌「稲妻の少女」が入っています。「真冬のサーファー」とは違い、浜から眺めるのではなく、今度は自分でサーフィンをする女の子が主人公。「稲妻の少女」とは、怒りっぽい少女とかそういう意味ではなく、稲妻のように鋭くボードを操る女の子の意。Ｌｉｇｈｔｎｉｎｇ Ｂｏｌｔという老舗サーフボードメーカーもあることを考えると、稲妻のイメージは格好いいライディングのイメージと一致するのでしょう。

主人公は、

「今日をのがしたらお目にかかれない
逆巻くチューブに鳥肌がたつ」

ということで、ずいぶん活発な女の子です。

「コーラの空びん並べるみたいにさ
あの娘は男をスラロームする」

ともあって、サーフィンと同様、その女の子は異性関係においても闊達(かったつ)らしい。

この歌は、非常にカラッとした印象をもたらします。日本の海というと、湿度が高いために潮がベタつき磯くさい、というのが実情であるわけですが、そんな感じはみじんもありません。ハワイのようなサラリとした空気感がそこに流れるのは、やはりユーミン独特の除湿機能のせい。

そしてユーミンの除湿マジックが最も効果的に働くのは、性的な部分においてではないかと、私は思います。「稲妻の少女」にしても、彼女は性的に開放的なタイプ、すなわち後世の言葉で云えば「ヤリマン」であるわけです。しかしそこにただれた感じが漂わないのは、「コーラの空びん」とか「スラローム」といった単語により、性的奔放さが薄められているから。「自主的にしているのであって、されているのではありません」(すなわち「ヤリマン」ではあるが「サセ子」ではない)という意志も感じられますし、悪いことだとも思ってない雰囲気も漂います。

ユーミンの歌に歌われている恋愛は、明らかにセックスありの関係です。「冷たい雨」の主人公にしても、ほぼ同棲関係にあったわけで、セックス抜きとは考えられない。

しかしユーミンの歌からはどれも、セックスに付随するベトつきが、丁寧に除去されています。

「どっかでいたしてて、私の曲が流れてきたりなんかしたら萎えちゃうと思うよ」(『ルージュの伝言』)

と本人も言っていますが、考えてみれば確かにそう。セックスのBGMとしては、誠に不適当です。

だからといって、ユーミンが性的なことを語らないわけではありません。『ルージュの伝言』では、初体験のことからオーガズムについてまで、驚くほどにあけすけに語られている。

この、あけすけすぎる感覚がかえって、ユーミンの歌から性的な臭いを無くしているような気もします。性的なことがらというのは、あけすけに語られるよりもじっと内に秘めて溜めている方が、かえって濃厚なエロさをしたたらせるのではないか。

衣服にしても、露出度が高かったり身体にぴったり密着した服は、かえってエロくないものです。それよりも、着物姿の人の脛（すね）がチラ見えした時の方がどきっとしたりするもの。

そういえばユーミンは、その衣装もまた開放的です。「ＯＬＩＶＥ」のジャケット写真は、ファッション雑誌のカバーのようにお洒落で、デコルテと二の腕は大胆に露出している。しかしそれがエロいかエロくないかといったら、全くエロくないのです。ユーミンはステージにおいても、身体にぴったりと密着した衣装を着ますが、そんな格好でも全くエロくない。

それは一つに、ユーミンがとてもスタイルの良い女性だからという理由がありましょう。ひきしまった肉体よりも、どこかだらしない肉体の方が、うんとエロいもの。ユーミンの肉体には、そういった生活感漂うエロさがありません。

日本の風景、そして文化には、全て湿気がついて回ります。雨上がりの水蒸気がまとわりつく低い山、朝方に霧に覆われる河、などというのはとても日本的な光景だと思う。

ユーミンが住んでいた八王子もまた、霧のかかる場所であったようです。そして初期のユーミンも、グルーミーなすなわち陰鬱（いんうつ）な空気感を、好んで歌にしていました。

しかしユーミンの歌からは次第に、湿った暗さが消えていくような気がするのであり、そのきっかけの一つが結婚であったのではないかと、私は思います。

霧と湿度の象徴的な場が、出身地の八王子だとしたら、ユーミンは結婚をきっかけとして霧の地から出た後に、次第に強く除湿機能を働かせるようになったのではないか。

「ＯＬＩＶＥ」最初の曲は、「未来は霧の中に」。これは、ユーミンが子供の頃を回想した歌のようです。

「東京のまちはオリンピックひかえ
まるで絵のように時が過ぎた
私は９つ　覚えているのは
まだ　未来が霧の中」

東京オリンピックは、一九六四年の開催。一九五四年生まれのユーミンが九歳の時、東京の街はオリンピックを控え、激変を続けていたのです。さらには、

「ある日目覚めるとテレビジョンには
月を歩いてる飛行士がいた」

と続き、その時「私は13」。

日本が、そして世界が激しく変化を続ける中で、ユーミンは少女の時代を過ごしました。モードの世界では、カルダンやクレージュの、宇宙っぽいデザインの服も流行(はや)った。科学とか進歩というものを、無条件に信じることができたその時代、「この変化が続いたら、未来はどうなっていくのだろう」と、少女は夢見たのでしょう。

「霧の中」というと、わけのわからない不安な感じがします。しかしユーミンが少女だった時代、その「わけのわからなさ」に、わくわくしていたのではないか。そして未来にかかる霧の向こうには、輝く世界が待っていると思うことができたのではないか。

霧を楽しんでいたユーミンは、大人になるにつれ、少しずつ湿度を除去していく技を身につけます。大人になるということは湿度に耐えられなくなることなのかもしれず、ユーミンが作り出した日本には珍しい低湿度の世界を、大衆は喜んで受け入れるのです。

「OLIVE」が出たのは、東京オリンピックや、アポロ月面着陸の時代から見ると、霧の向こう側にあった時代。霧の向こうには果たして、輝く世界が広がっていたのでしょうか。そして二〇二〇年には東京で二回目のオリンピックが開かれることが決定しましたが、その時ユーミンは六十六歳。年を重ねるにつれ、再びしっとりとした湿度と共にある世界が戻っているのではないかと、私は予想しております。

7　外は革新、中は保守

悲しいほどお天気

1　ジャコビニ彗星の日
2　影になって
3　緑の町に舞い降りて
4　DESTINY
5　丘の上の光
6　悲しいほどお天気
7　気ままな朝帰り
8　水平線にグレナディン
9　78
10　さまよいの果て波は寄せる

（1979年12月1日発売）

1979年Part2

ソニーが超軽量型ヘッドホンつきポータブル・ステレオカセット「ウォークマン」を発売、若者のあいだで大ブームになる。「カルカッタの聖女」と呼ばれたマザー・テレサにノーベル平和賞。小中学生を中心に「口裂け女」の噂が全国化。

普通の女性達の気持ち

「悲しいほどお天気」についてユーミンは、

「これ、いいタイトルでしょう。好きなの、自分でも『OLIVE』はジャケットが気に入ってて『悲しいほどお天気』はタイトルが気に入ってるの」

と、語っています（『ルージュの伝言』）。さらには、

「どういう意味ですかって、つくったころはよく聞かれたんだけど、答えられないよね。どういう意味ですかって聞くような記者って、記者やってらんないんじゃないかって思うよ」

とも。

無粋(ぶすい)覚悟でこのタイトルについて考えてみるならば、よく晴れた日、人は通常、明るく爽やかな気分になるわけです。が、ここではそんな日が「悲しい」と形容される。正反対の方向性を持つ二つの言葉が隣り合わせに存在するからこそ、このタイトルは魅力的であるわけですが、こういった用法はユーミンが初めてではありません。

たとえば、川端康成『雪国』。冒頭において、国境の長いトンネルを抜けた列車が雪国のとある駅に停車すると、葉子(ようこ)という女が、列車の窓を開けて駅長に話しかける。その声

が、

「悲しいほど美しい声であった」

と表現されています。以降、葉子が声を出す度に、川端は「澄み上って悲しいほど美しい声」「あの悲しいほど澄み通って木魂しそうな声」「その笑い声も悲しいほど高く澄んでいる」と、「悲しいほど」を連発しているのです。

美しい声は、人を朗らかにさせるばかりではない。その美しさを「悲しいほど」と表現することによって、葉子の声の際立った美質と、その人生の背景にある不幸の香りは、強調されています。

「悲しいほどお天気」という曲も、やはりうっすらと悲しいのです。ものすごく悲しいわけではなく、心のどこかにあるちくりとした痛みが、晴天によって浮きぼりにされる感じ。

このアルバムはユーミンにとって「私小説だと思ってる」ということだそうで、さらに歌としての「悲しいほどお天気」は、「絵の学校に行ってたころの思い出」（以上『ルージュの伝言』）。

ユーミンは、高校時代から絵の道を目指して、美術系大学受験の準備を進めていました。しかし美術大学に入った後、どんどん音楽の道に進んでいったという理由もあったのでしょうが、絵の道では挫折したという感覚を持っているようです。「上水ぞいの小径」においてスケッチをする、絵の学校の学生達が、この歌のモチーフ。

「絵を書く私達　それぞれひとりにさせた
まるで先の人生を暗示するように」

という歌詞の後に時は流れ、

「拝啓。今はどんな絵　仕上げていますか
個展の案内の葉書きがうれしかったの
臆病だった私は平凡に生きている」

という歌詞が出てくる。

数年前、上水ぞいの小径で一緒に絵を描いていた友人が、今は個展を開くまでになっている。対して、この歌の主人公は結婚をしたのかもしれません、幸せだけれど平凡な人生を送っている。個展のお知らせの葉書がもたらすものは、祝福の気持ちに混じる、ちょっとした寂しさと悔恨。

この、「あの頃は皆一緒だったけれど、今はばらばら」とか、「今は一緒にいるけれど、そのうちばらばらになるでしょう」といった感覚は、ユーミンの歌によく見られるものです。「卒業写真」「最後の春休み」にしても然り、「COBALT HOUR」「カンナ8号線」といった元彼ソングも、その系譜に連なるのではないか。

私小説的アルバムとは言っても、この歌の主人公はもちろん、ユーミンではありません。個展の案内をもらって昔のことを思い出している人が売れっ子の歌手では、詞にはならない。ここにぜったい必要なのは、「平凡に生きている」女性なのです。

ユーミン本人は、どこから見ても特別な人ではありますが、心の中には秘かに、「平凡な人」を飼っている気がしてなりません。と言うより、時にアバンギャルドであったりアナーキーであったりという精神的扮装をこなすユーミンではありますが、心の中心にはとても平凡で、という言い方に語弊があるのであれば、常識的で、保守的な芯がある。そうでなければ、どうして普通の女性達の気持ちを捉える歌を、これほど大量につくることができましょうか。外は革新、中は保守。この二層構造が、ユーミンの武器。

ユーミンの中に二層があるように、その音楽を聴く側の内面にも、二層構造はありました。「悲しいほどお天気」を聴けば、「自分より先に行ってしまった革新的な友達」と、平凡で保守的な人生を選んだ自分を対比した経験を、我々は思い出す。「気ままな朝帰り」において、

「北風のベンチでキスしながら
心では門限を気にしてた」

という保守心も、市井(しせい)に生きる普通の女性達には覚えがあるところでしょう。二層がせめぎ合う歌もあって、それはたとえば「ＤＥＳＴＩＮＹ」。

これは、男にふられた女の歌なのです。男に対して、

「冷たくされて　いつかは
みかえすつもりだった」

と思った女は、

「それからどこへ行くにも
着かざってたのに」

となる。

自分を冷たくあしらった男に対して、すがりつくでもなければ恨むでもなく、美しくなることによって見返してやろうという発想は、新しいものです。世の人は、恋に破れた女は、ざんばら髪でぼろぼろの服を着てやけ酒を飲んでいると思うかもしれませんが、それは男性の発想です。気の抜けた格好をしていられるのは、むしろ安定して幸福な生活を送っている女。現状に満足しておらず、「もっと私は幸せになれるはず。その機会を逃してはならじ」と思っている女ほど、買い物をバンバンして、日々気張(きば)った格好をしているものです。

「PEARL PIERCE（パールピアス）」に入っている「ランチタイムが終わる頃」も、恋に破れた女の子の歌ですが、彼女も、

「会えるはずのないあなたの姿も
見つけられそうに混んだレストラン」
に行く昼食時、
「みじめなうわさが届かないように
気の早い半袖で来てみた」
のでした。

肌寒いからといって、もこもこ着込んで背を丸め、会社のデスクで一人でカップラーメンなどすすっていたのでは、「あの子、失恋したらしい」とみじめな噂が立ってしまう。少しくらい寒くても意地で半袖を着るのが、女の矜持というものです。

「安いサンダル」の無念さ

『優雅な生活が最高の復讐である』（カルヴィン・トムキンズ）という本があります。これは、ジェラルド・マーフィーという画家夫妻についてのノンフィクション。マーフィー夫妻は、私のイメージの中では、白洲次郎・正子夫妻的な、ものすごくセンスがよくて、そ

の社交っぷりも洒落ているカップルです。フィッツジェラルドも彼等に憧れ、『夜はやさし』のモデルにしました。

「優雅な生活が最高の復讐である」という言葉は、もともとスペインの諺（ことわざ）だそうです。その諺を知ったマーフィー夫妻は言葉通りに、どのような状況においても、優雅な生活を送っていた。

マーフィー夫妻は、具体的な復讐相手をもっていたわけではありませんが、「DESTINY」における主人公の女性は、いつかは見返してやりたい、明確な対象がいました。だからこそ「優雅な生活が最高の復讐」とばかりにいつも着飾っていたというのに、歌は悲劇的な方向へ向かい、

「どうしてなの　今日にかぎって
安いサンダルをはいてた」

ということになってしまう。

このアルバムにおいては、「ジャコビニ」（「ジャコビニ彗星の日」）とか「グレナディン」（「水平線にグレナディン」）といった、片仮名使いが印象的なのですが、ここでまた我々は「安いサンダル」という片仮名使いの巧みさにしびれます。安いバッグでも安いスカートでもなく、それが「サンダル」であったからこそ、安っぽさは際立つのです。

その時、たまたま会った彼の方は、彼女が安いサンダルをはいていたことには、気づいていないことでしょう。と言うより、彼女がどんな格好をしていようと、彼にとっては既にどうでもいいことなのではないか。

安いサンダルであったかどうかは、彼に対する問題ではなく、彼女自身にとっての問題です。彼が見ていようといまいと、「彼に再会した時、私は完璧な女であった」と思うことができたとしたら、それが彼女にとっては次へのスタートになるはずだったのに、その時、彼女の足元は安いサンダル。嗚呼（ああ）、何というデスティニー。

「安いサンダル」という言葉は、この歌のサビで出てきます。メロディーも歌い方も、何かのイデオロギーを訴える時にぴったりなのではないかと思われる、ほとんど勇ましいと言っていいほどのもの。そんな風に、

「安いサンダルをはいてた」

と歌いあげられると、彼女の無念さがひしと伝わってくるのです。

そういえば、一九八八年の「Delight Slight Light KISS（ディライト スライト ライト キス）」というアルバムには、その名も「幸せはあなたへの復讐」という歌があるのでした。七〇年代の末に出たアルバム「悲しいほどお天気」においては、安いサンダルによって復讐は失敗。しかしそれから約十年後の復讐は、成功しているようです。

「あなたのように身勝手じゃなくて
仕事が出来るおとなの彼なの」
と、「幸せはあなたへの復讐」の主人公は、元彼に手をとられて踊りながら、「私は今、あなたよりもっと素敵な彼と付き合っているもんね」と思っています。

元彼よりも、さらに「上」の彼を得ることが、元彼への復讐であると、この時代の女性は思っていました。この時の「上」とはもちろん、物質的な意味での「上」。この「もっと上へ」の思想は、バブルという時代のせいなのかどうか……。

それを思うと、
「どうしてよりによって、こんなやっすいサンダルはいてきちゃった日にバッタリ会うのよ！」

と、声も限りに叫ぶ七〇年代末の女は、可愛らしい感じがするものです。

しかしいずれにせよ、彼女達の中に何故、元彼に復讐したいという気持ちがあるのかといえば、まだ彼に対するわずかな思いが残っているから、なのです。全くどうでもいい相手は、復讐の対象にはなりません。

ふられた相手に復讐を誓う気持ちは、二層の外側、すなわち「新しい女」性を。そしてふられた相手に思いを残すところは、二層の芯、すなわち「古い女」性を示しているように私は思います。ユーミンがあの頃の女性達の気持ちを摑んで離さなかったのは、女性の立場が大きく変わっていく時代の中で、女性達の精神が、これから二つの層によって股裂き状態になりゆく、その未来を予言していたからではないかと思うのです。

そして今、新しい女にも古い女にもなりきれない二層世代の女性達は、股裂き状態をこじらせています。我々が今、ユーミンの昔の歌を聞いてじーんとするのは、まだ女性の中で二層がぴったりとくっついていた時代に対する郷愁のせいでもあるのでしょう。

8 〝つれてって文化〟隆盛へ

SURF & SNOW

1 彼から手をひいて
2 灼けたアイドル
3 人魚になりたい
4 まぶしい草野球
5 ワゴンに乗ってでかけよう
6 恋人がサンタクロース
7 シーズンオフの心には
8 サーフ天国、スキー天国
9 恋人と来ないで
10 雪だより

(1980年12月1日発売)

1980年

モスクワ・オリンピックにアメリカと並び日本も不参加。イラン・イラク戦争が勃発。大平正芳首相が急死する。12月８日、ジョン・レノンがニューヨークで自称ファンに射殺され、世界中に衝撃が走る。日本車の生産台数が年間で世界一に。

「陸サーファー」の気持ちを摑む

あれは中学二年生の時。休み時間に教室で、

「キープ・オブ・ユア・ハアァンズ！」

と、機嫌よくユーミンの「彼から手をひいて」を私が歌っていた時のこと。それを聞いていた友人に、

「そこ、『キープ・オブ』じゃないよ。『キープ・オフ』。ｏｆじゃなくてｏｆｆの方ね」

と、冷静に指摘されたことを、今でもよく覚えています。

この曲が入っている「ＳＵＲＦ＆ＳＮＯＷ」は、私にとっては非常に印象的なアルバムです。それというのも私が、オンタイムに、そして意識的に聴いた初めてのユーミンのアルバムだったから。「ｏｆじゃなくてｏｆｆ」と指摘した友達には高校生のお姉さんがいて、そのお姉さんがアルバムを貸してくれたのです。

ちなみにこのアルバムが出たのは、百恵ちゃんが引退し、聖子ちゃんがデビューし、たのきんトリオが大人気になり……という、歌謡曲業界が隆盛を極めた年でした。私も「ザ・ベストテン」でどっぷり歌謡曲を聴きながら子供時代を過ごしたわけですが、思春期への扉を開いたのは、初めて聴いたユーミンでした。

それは歌謡曲とは違って、ダサくもヤンキーっぽくもありませんでした。恋愛がテーマとはいえ、どこかマンガ風の絵空事を歌っていた歌謡曲に対して、ユーミンの歌には、「もしかしたら自分も、もうすぐこうなっちゃうかも！」と思わせる世界が広がっていた。恋愛ワールドに興味津々で、誰かにちょっと背中を押されたらどこにでも行ってしまいそうな中二女子にとってこのアルバムは、ものすごく美味しそうな絵に描いた餅、だったのです。

今思えばそれは、キラキラと、そしてチャラチャラとしていた八〇年代の幕開けを告げるアルバムでもありました。一九八〇年に出た「SURF&SNOW」の前には「時のないホテル」というアルバムも出ていますが、これは非常にシックなつくり。「流線形'80」のあたりから強まったイケイケな勢いの中で、ふと「なんで精神状態が悪かったのかわかんないけど」、「こうやって自分は走っているけどちゃんと目的に向かって走ってるんだろうかって気分的に中だるみする時期」（以上『ルージュの伝言』）をユーミンは迎え、その中でできたのが「時のないホテル」だったらしい。

「SURF&SNOW」に爆発的な勢いがあるのは、「時のないホテル」で一呼吸おいたせいなのでしょう。若さと恋愛の軽みと楽しさ、そしてちょっとした悲しみが、そこにはぎゅっと詰まっています。

このアルバムにおいて押し出されているのは、「ＳＵＲＦ」と「ＳＮＯＷ」礼賛(らいさん)の姿勢です。これ以前のアルバムにも、サーフィンやスキーを扱った曲はありますが、タイトルが示す通り、このアルバムにおいてはそれらがメインのテーマとなっている。

折しも、サーファーブームと呼ばれる時代。ここで気をつけなくてはならないのは、それが「サーフィン」ブームではなく、「サーファー」ブームであった、ということです。サーフィンをすることではなく、サーファー風の格好をすることが、八〇年代前半には流行っていたのです。

私が通っていた学校は私服だったので、その頃は皆の格好もサーファー風となりました。バックプリントのシャツ、サーフブランドのＴシャツ、そしてサーファー風のレイヤードカット。高校生のお姉さん達が、こっそりと目の上を青く塗っているのにも憧れたものですし、可愛くて有名な先輩が、サーファー雑誌「Ｆｉｎｅ」に読者モデルとして載った時は、うっとり眺めたものです。

しかし当時の私は、バックプリントのシャツを着用しながらも、サーフィンなどしたことはありませんでしたし、本物のサーファーを見たことすらなかった。高校生になれば、「ナバーナ」などのサーファー系ディスコには行ったけれど、「サーファー」とは、こういうものらしい」という格好をなぞっていただけであり、こういう人々を世間では「陸(おか)サーフアー」と言ったのです。

「ＳＵＲＦ＆ＳＮＯＷ」は、そんな陸サーファー達の気持ちを、がっちりと摑みました。本当にサーフィンやスキーをしていなくても、「サーフ天国、スキー天国」を聴けば、海やゲレンデに行ったような気分に浸ることができたのです。

思えば八〇年代というのは、そういう時代でした。何かに憧れ、「そうなりたい」と願い、でも実際はなれないからせめて外面だけ真似をするという、その行為が楽しかった。ハマトラやニュートラといったお嬢様風のファッションもこの時期の流行でしたが、本物のお嬢様とか浜っ子でなくとも、それ風の服を着ることによって気分は味わえましたし、もっと若い中学生達は、本物の不良にならずとも、ツッパリ風ファッションや竹の子族ファッションをすることによって、ヤンキー気分に浸ったのです。

ユーミン自身、サーフィンやスキーが昔から大好きだったから「ＳＵＲＦ＆ＳＮＯＷ」を出したわけでは、なさそうです。このアルバムを出す前後からスキーをするようになり、さらには苗場プリンスホテルでその名も「ＳＵＲＦ＆ＳＮＯＷ」というリゾートコンサートも行うようになったユーミン。そして苗場のゲレンデでアルバムの曲が流れているのを聴いた時、

「実際自分でスキーのおもしろさを知っちゃってやり出すと、こういう歌は書かないなっ

て思った」（『ルージュの伝言』）

　ということらしい。すなわち、「サーフ天国、スキー天国」は、まだスキーをしていないユーミンの中で醸成された、イメージ上のサーフ＆スキーソング。

　我々大衆にこのアルバムがおおいに受け、ユーミンの第二次ブーム到来とまで言われたのは、だからこそでしょう。本物のサーファーやスキーヤーが歌を作ったら、おそらくサーフィンやスキーの精神性を語り出すのです。しかしユーミンはイメージ上のサーフィンやスキーの格好よさを表現したからこそ、一般人にも理解ができた。

　そういえば一九八四年には、山下達郎が「Ｂｉｇ Ｗａｖｅ」というサーフィン映画のサントラ盤を出し、サーフ感溢れる音楽がヒットしたものです。そして山下達郎もおそらく、否きっと、サーフィンはしたことがないと思う。このように「憧れる力」が、時に本物の力よりも勢いを持ち、輝いていたのが八〇年代という時代でした。

苗場が苗場ブランドに

　もちろん憧れるだけではなく、「ＳＵＲＦ＆ＳＮＯＷ」を聴いてうっとりした結果、実際にレジャーへと赴くようになった若者も、多かったのです。苗場のスキー場は、若者達でまるで渋谷のような賑（にぎ）わいに。

このアルバムから数年後ではありますが、高校時代は私もよく苗場にある友達のリゾートマンションに遊びに行ったものです。スキーはさほど真剣に滑らず、スーパーで買い物して食事を作ったり、ちょっと贅沢して苗場プリンスにごはんを食べに行ったりと、親のいない治外法権リゾート生活が、どれほど楽しかったことか。

苗場プリンスというと、バブルの象徴のように語られることがあります。が、その歴史は意外と古く、既に創業五十年以上。ちなみにユーミンのコンサートは、二〇一三年時点で三十三年も開催され続けています。

スキーブームというと、私は八〇年代のスキーブームを想像するのですが、その前にもブームはあって、それが一九五〇年代末のこと。一九五六年のコルティナ・ダンペッツォ冬季五輪で活躍した、オーストリアのトニー・ザイラー選手が大人気となり、彼が日本にやってきたこともあってスキーブームになったのだそう。

そのブームがあったからこそ、西武や東急はスキー場やホテルなどの開発に乗り出しました。一九六二年の苗場プリンスホテル開業も、その流れの一環でしょう。

苗場プリンスとそのスキー場は、苗場山にあるわけではありません。苗場山とはかなり離れた筍山（たけのこやま）という場所に、苗場の知名度を利用して、苗場プリンスホテルそして苗場スキー場は開発されました。この、ブランド戦略の巧さはいかにも西武です。

我々は、そこが本当に苗場であるかどうかなど、どうでもよかったのです。「Ｎａｅｂａ」とか「Ｐｒｉｎｃｅ」といった言葉の響きに、ブランド感およびチャラい語感を覚えて、足を運んでいたのですから。筍山は、「苗場プリンス」という名のテーマパークと化しました。そしてユーミンは苗場プリンスにおいて、ディズニーランドにおけるシンデレラ姫のような存在であり続けたのです。

「ＳＵＲＦ＆ＳＮＯＷ」には、そんなわけでレジャー関連の歌が何曲も入っています。前述の「彼から手をひいて」も、恋の鞘当て（さやあて）が行われているのは「ロッヂのディスコティーク」。アルバム最後の歌「雪だより」では、「去年スキーで出会った人」から、絵葉書が届いたりしている。

そして、「サーフ天国、スキー天国」。冬はスキー、夏はサーフィンを楽しもう、というライフスタイルをこの曲は提唱しているのですが、ここでも見えてくるのは、例の〝助手席性〟です。歌い出しは、

「ゲレンデのカフェテラスで　すべるあなたにくぎづけ
派手なターンでころんで　煙が舞い立つ
スタイルなんてどうでも　あなたらしけりゃ最高」

という歌詞なのですが、主人公はやはりゲレンデではなく屋内にいて、滑るボーイフレ

ンドを眺めているのです。ユーミンが、「スキーの楽しさを知った後だったら、こういう曲は書かなかったと思う」と言ったのは、この辺りのことなのかもしれませんが、とにかく曲の最初に登場するのは、「すべるあなた」を見つめる女。

この曲には、

「つれてゆこうかこれから　スキー天国へ」
「つれてゆこうかこれから　サーフ天国へ」

という歌詞もありますが、この「つれてゆく」という言葉そして行為は、このアルバムを象徴するものです。「サーフ天国、スキー天国」の語り手は女の子ですが、しかし「つれてゆこうか」と言っているのは、彼女自身ではないように思えます。「つれてゆこうか」は、彼女に対して誰かからかかる声。もしくは、誰かに「つれて行ってもらいたい」という、女性の心の声、なのではないか。

今、女の子同士でスノボなどに行くケースも多いわけですが、当時、スキーは男の子につれて行ってもらうものという頭がありました。スキー宅急便のシステムができたのは一九八三年ですから、このアルバム発売当時はまだ、スキーは自分で持ち運びしなくてはなりませんでした。となるとやはり、重いスキーを車の屋根に載せて運んでくれる男性に「つれて行ってもらう」のが、女の王道だったのです。そしてスキー宅急便は、そんな

「スキー、かさばりすぎる」という人々の心から開発されたものでしょう。

サンタがつれて行ったおねえさん

「まぶしい草野球」もまた、〝つれてってソング〟の一つです。主人公のボーイフレンド（もしくは夫）は、休日にもあわててグラウンドに飛んで行くほど、草野球が大好きなのです。主人公は、彼にグラウンドにつれて来てもらったわけではなく、おそらくは自主的にお弁当を彼に届けに行きます。つまり「つれて行ってもらった」という態（てい）で彼について行き、初めて彼が草野球をする姿を見るのです。

彼は「エラーの名手」ですが、そんな彼の姿を「まぶしい」と、彼女は思う。これは「サーフ天国、スキー天国」において、彼が「派手なターンでころん」だりしても、

「スタイルなんてどうでも　あなたらしけりゃ最高
プロの選手もコーチも　出る幕がないよ」

と見つめる彼女の視線と、似ています。惚れている男が何かに夢中になっているのを見ながら、「あれは私の男」と思う女の充足感が、そこにはある。

自分を置いて遊びに行ってしまった男にお弁当を届けに行く……とは、当時としてもかなりクラシックな女の姿です。しかし当時の女性は、「プレイ」としてその手の女を演じ

ることに、楽しみを見いだしたのではないか。女性の時代と言われ、女性達が社会進出をしていこうという時だからこそ、「そんな時代に私ったらあえて古風な女」と、酔っている女性の姿が目に浮かびます。

そしてこのアルバムにおける〝つれてってソング〟最高峰は、他でもない「恋人がサンタクロース」です。

「昔　となりのおしゃれなおねえさんは
クリスマスの日　私に云った
今夜　8時になれば　サンタが家にやって来る」

で始まるこの歌、やがて「となりのおしゃれなおねえさん」は、

「ある日遠い街へと　サンタがつれて行ったきり」

になってしまいます。これは、拉致されてしまったわけではなく、恋人と結婚して引っ越していった、ということ。そして、おねえさんの話を聞いていた女の子はやがて大人になり、

「そうよ　明日になれば　私も　きっとわかるはず」

と、胸を高鳴らせているのです。

クリスマスに恋人達がデート（と、セックス）をするという習慣が日本においていつ頃

始まったのかは定かではありませんが、バブル期には「若者たるもの、クリスマスはそうせねばならぬ」という強迫観念すらあったものです。そして私は、そんなブームを形成するのに、この歌は大きな役割を果たしたのだと思う。

クリスマスにおいても、女子主導で事を行うのではなく、「男の子につれて行ってもらう」のが、女の子にとっては望ましい状態でした。女の子達は、「つれて行ってもらう」という状況を整えるために、陰で必死の努力をしましたし、そして当時の男性には、「その望みを叶えればモテる（もしくはデキる）のであれば」と、「無理をしてでも頑張ろう」という気概がまだあった。その気概を技術的に支えたのが、「POPEYE」や「Hot-Dog PRESS」といった雑誌です。

今時の若い男性には、男は女をどこかに「つれて行く」もの、という感覚は、無いことでしょう。男女が一緒にどこかに行くにしても、「つれて行く」のではなく、それぞれが自己責任においてたまたま同じ場所に行く、という感覚ではないか。

しかし八〇年代を通じて、女の子が男の子に「つれて行って」もらう時代は続きました。そして一九八七年には、〝つれてって文化〟の集大成ともいえる映画、その名も「私をスキーに連れてって」が公開されたのです。

原作は、トレンドものといったら、のホイチョイ・プロダクション。主演は角川映画出身の原田知世と、その後トレンディ俳優となる三上博史。そして主題歌はもちろん、「サーフ天国、スキー天国」。

この映画は大ヒットし、日本にはまたスキーブームがやってきました。苗場をはじめ、西武系のスキー場やホテルは大混雑、リフトに乗るにも行列をつくるという状況が、バブル崩壊まで続いたのです。

時は流れ、二〇一二年。私は初めて、苗場プリンスにおける「SURF&SNOW in Naeba」へ行きました。ホテルの中には、ユーミンが名付けたというホール「ブリザーディウム」が。

お客さんのほとんどは、中年男女です。ポロシャツの襟(えり)を立てている人もいれば、脱いだセーターを肩にかけている人もいて、まるで八〇年代みたい。

来ている人々も、そしてホテルの設備も、往年と比べたら明らかに古びてきてはいるのです。しかし夫と一緒に楽しそうにユーミンを聴く妻達を見ると、この人達がかつて味わっていた、「つれて来てもらう幸福」の形は、変わらずここにあることが実感できました。

しかし、今も夫が苗場プリンスにつれて来てくれるカップルというのは、ごく一部のレアケースのような気もするのです。「どこかにつれて行かれたい」と望むあまり、気の進まない相手に手を差し出してしまった女性、そして、つれて行かれることに飽き、途中から「自分でどこかに行きたい」と思うようになった女性の方が、実は多いのではないか。

そして男性も、変わりました。八〇年代の〝つれてって文化〟に疲れ果てたのか、彼等は次第に「なぜ男ばかりがつれて行かなくてはならないのだ」と、女の手を振りほどくように。

今時の若者達は、互いに「つれて行かれたい」とも「つれて行きたい」とも思わないわけですが、バブル世代の中にいまだある「つれてって文化」に対する、憧憬と絶望。その源は、このアルバムにある気がしてなりません。

9　祭の終わり

昨晩お会いしましょう

1　タワー・サイド・メモリー
2　街角のペシミスト
3　ビュッフェにて
4　夕闇をひとり
5　守ってあげたい
6　カンナ8号線
7　手のひらの東京タワー
8　グレイス・スリックの肖像
9　グループ
10 A HAPPY NEW YEAR

（1981年11月1日発売）

1981年

レーガンが米国大統領に就任。スペースシャトル第1号機「コロンビア」が無事帰還。英国のチャールズ皇太子とダイアナ・スペンサーの結婚式が世界を魅了した。『なんとなく、クリスタル』、『窓ぎわのトットちゃん』がベストセラーに。

「もっともっと」を欲する気持ち

「昨晩お会いしましょう」には、タワーが出てくる歌が二曲、入っています。一つは「タワー・サイド・メモリー」。舞台は神戸で、

「霧雨に誘われてタワーサイドに出れば
最終モノレールが東の空を流れ」

と、ポートタワーと思われるタワーが登場します。モノレールと歌われている乗り物は、正確に言うと「新交通システム」ですが、そんなことはどうでもいいとしましょう。

もう一曲は、「手のひらの東京タワー」。何かの記念日なのでしょう、女の子がサプライズで、東京タワーの夜景を男の子にプレゼント。でも、

「本当は金色のエンピツ削りなの
手のひらに包んだ　東京タワー」

ということになる。

タワーは、都会に似合う建造物です。日本のあちこちに、有名無名の様々なタワーが建っているわけですが、自然の中に建っているよりも、都会の景色をバックにしている方が、よりタワーは生き生きとするのです。

何故なのかと考えてみますと、タワーという建造物が象徴するのは、人間の「自然を愛する心」では決してなく、「進化や成長を欲する心」だからなのではないか。

電波塔等、確固たる役割を持つタワーもあるものの、やはりタワーとは、「より高い建物を建てたい」という人間の欲求があるからこそできるものです。「より高く」のみならず、「より大きく」「より速く」「より豊かに」等々、あらゆる面における「もっともっと」を欲する我々の気持ちを、タワーは象徴している。

旧約聖書の創世記に出てくるバベルの塔は、その手の塔の元祖かと思われます。その時代、全人類はただ一つの言葉を話していたのだそうです。しかし、

「さあ、天まで届く塔のある町を建て、有名になろう。そして、全地に散らされることのないようにしよう(創世記第十一章)」

ということで、人間達がれんがとアスファルトで塔を建てた、と。すると神は、「皆が一つの言葉を話しているから、神にたてつくような真似をするのだな」と思われ、

「我々は降って行って、直ちに彼らの言葉を混乱させ、互いの言葉が聞き分けられぬようにしてしまおう」

ということにしたのだそう。嗚呼、今我々が外国語学習にこんな苦労をしているのは、バベルの塔のせい。

このように、旧約聖書の時代から「塔を建てるなどということは、天に背く行為」とわかっていたのに、それでも人類は、高い建物を建てたがり続けて、今に至っています。我が国でも、東日本大震災での原発事故によって、人間の「もっともっと」という気持ちがとりかえしのつかない事態を招いてしまったことを痛感したわけですが、そんな時に「もっともっと」の象徴である東京スカイツリーが開業したということは、何という皮肉でありましょうか。人類は今もなお、「さあ、天まで届く塔のある町を建て、有名になろう」と考えているのです。

人類の煩悩が天を刺すように屹立し、夜になれば煩悩そのものがライトで光り輝いているという存在である、タワー。しかし、というかだからこそ、我々はタワーを愛します。あり得ない高さで天に伸びるタワーは、「人間は、特別な生き物なのだ」という誤解をさせてくれる存在。夜空に輝く煩悩の、何と禍々しく美しいことでしょうか。

「昨晩お会いしましょう」が出た一九八一年は、まだタワーに対して、そんな不吉さを感じなくてもいい時代でした。モスラやキングギドラといった怪獣達が東京タワーを破壊するというこれまた不吉な映画が撮られたのはもっと前の話ですが、人々はその意味合いよりも怪獣達が都市を破壊するという痛快さを好み、やがて不吉さを忘れていったのです。

「昨晩お会いしましょう」が出たのは、八〇年代というチャラチャラした時代の幕開けの頃でした。まだまだ日本は、バブルへ向けて右肩あがりの成長を続けています。そしてポートタワーが建つ神戸も、まだ阪神・淡路大震災に遭っていません。

この頃、特にタワーの建立が流行っていたわけではないのです。ポートピア、すなわち「神戸ポートアイランド博覧会」はこのアルバムが出たのと同じ年に開催されましたが、ポートタワー自体ができたのは、一九六三年。そして東京タワーができたのは、一九五八年。両タワーとも、既に都市の中に自分の立ち位置（まさに）を確立している。

ユーミンは、「都会の象徴」としてタワーを登場させたものと思われます。東京の人間は、東京タワーに行ったことが無い人が多いものですが、しかし東京タワーが大好き。そんなタワー愛を東京以外のタワー都市の人も持っているであろうということでの、「タワー・サイド・メモリー」でしょう。

「甘くよりそう頃はよくここまでとばした
ポートピアも終わればただの夜に戻って
あの娘は急にはしゃぎ出すの
おしゃれしたのも悲しくって」

という歌詞がこの歌にはありますが、そんなわけでこれは、祭の終わりと恋の終わりをかけた歌。

ポートピアというのは万博でなく地方博であり、その後の地方博ブームのきっかけとなったとされるほど、盛況に終わりました。半年にわたって博覧会が開催された後の「祭の終わり」感覚は、いかばかりのものだったか。

この、祭の終わりの虚脱感や寂寥感を表現するのが、ユーミンはすこぶる上手です。その手の感覚は様々な歌になっていますが、「昨晩お会いしましょう」では、特にその感覚が強く表現されているように思います。

たとえば人生における祭の時期の只中にいる不安と、祭の終わりの予感とを描くのが、「街角のペシミスト」。この歌の主人公は、地方出身の女の子です。地方出身者が描かれるのは、ユーミンの歌では珍しいパターンですが、彼女は何か夢を追って都会にやってきたのでしょう。そして金曜の夜は「なぜか足がむくあのディスコ」へ。

「午前1時　空は星も見えない
時は止まり　このままがいい
不安な明日をダブルで飲み干す
みんな街角のペシミスト」

ということで、彼女は自分の夢がいつ叶うのか、本当に叶うのか……と、明日を不安に思っている。

「名前も知らぬ誰かの部屋で
土曜の朝を迎えることもある
故郷の冬を歩きたくなる
けれど平凡だけはいやよ」

と思う彼女は、都会の波に揉まれて生きることに疲れながらも、「平凡だけはいや」なのです。嗚呼、「平凡だけはいやよ」とこの時代、どれほどの若者が都会の波に呑み込まれていったことでしょう。

この歌の主人公は、都会の祭の中に身を置くことに、今は酔っています。が、

「娘たちはやがて
踊りすぎた金曜日を
卒業してゆく」

ということで、祭にもやがて終わりがくることを自覚しており、だからこそ酔いながらも、不安を消すことができないのです。

遊び人の切り替えスイッチ

「グループ」は、「街角のペシミスト」とは違い、都会に生まれ育った若者達の歌。直接

的にそうは書いてありませんが、おそらくは付属校からそのまま大学に上がった経歴を持つ若者達のお話と思われます。

主人公は、大学を卒業して数年、というお年頃。彼女のもとに、大学時代の仲良しグループで公認のカップルだった二人から、結婚パーティーの招待状が届きます。「と、いうことは」と、彼女は思います。結婚する二人と自分、そしてもう一人の男の子がかつて仲の良いグループのメンバーであったわけですが、その彼もパーティーには来るな、と。

「過ぎ去った季節
あなたは陽気な学校一の遊び人
私とあなたと　彼女と彼とで
笑ったカフェテリア」

という歌詞がそこにはありますが、彼は学生時代、華やかな人だったのです。学食の真ん中辺りにいつも陣取っている派手なグループというのがいるものですが、そんなグループのさらに中心にいる、「学校一の遊び人」の彼。この歌の主人公は、結婚パーティーにおいて久しぶりに彼と会うことを、楽しみにしています。

そういえば今、「遊び人」という言い方をとんと聞きません。この時代、遊び人というと、女の子にモテて、お洒落で、外車に乗っていて、ディスコでも目立つ人、といった存この歌の主人公もまた、元「学校一の遊び人」に再会することにうきうきしながらも、たが、女子は「別ステージでの幸福」を得るために、冷静にスイッチを切り替えた。

の中には、祭が終わったことに気づかずに、いつまでも遊び人気分をひきずる人もいまし

この時の気持ちの切り替えは、男子よりも女子の方が上手いことが多いようです。男子

ば、祭とは違う人生が始まることになる。

しかしそんな遊び人達の祭にも、終わりはやってきます。学校を卒業して社会人になれ

ることなく、生き生きと祭の中で生きていました。

い。そんな都会の若い遊び人達は、「街角のペシミスト」のようにペシミスティックにな

むので高校時代から遊びを覚え、親も小金を持っているのでお金の苦労をしたことがな

私は、遊び人がいた時代を懐かしく思い出す者です。付属校上がりで受験をしなくて済

人」という言葉も消えたのです。

は浪費なんかできないっす」というごくまっとうな感覚を持つ人が増加、かくして「遊び

若者は外車どころか車にすら乗らなくなった。モテる努力もしなくなったし、「若いうち

しかし今、「遊ぶ」という行為自体を若者がしなくなりました。ディスコはもう無いし、

遊び人は憧憬の視線で見られていたのです。

在でした。自分で稼いでいなくとも、親のお金を存分に使える男子が「遊び人」であり、

冷静なのです。彼と彼女は学生時代、きちんと付き合うところまではいかないながらも、ちょっとしたラブアフェアがあった関係なのだと思います。

「いくつもの恋が生まれたり消えたり」

という歌詞を読めば、グループ内はビバヒル（知らない方に注：アメリカの青春ドラマ「ビバリーヒルズ青春白書」のこと。仲良しグループ内で、様々な順列組み合わせのカップルが生まれたり消えたりするストーリー）状態であったことが理解できる。そしてその後、

「あなたは仕事で遠くへ行った」

のです。就職した彼は、地方（おそらく海外ではないと思う）勤務となったらしい。

「そっとかけよるか　姿をかくすか
それはそのとき決めること
昔とおんなじ
まぶしいあなたが立っているかしら」

と期待は高まるのですが、しかし最後の歌詞は、

「顔を合わせても戻ることのない
素敵なグループ」

というもの。彼との再会は楽しみだけれど、「もしかしたら焼けぼっくいに……」など

とは思わない、彼女。彼女は既にスイッチを切り替えており、「戻ることは無い」と、断言することができるのです。

いつまでも若く、いつまでも生き生きと充実した生活をしなくてはならない。現代の大人達は、そんな強迫観念を抱いて生きています。それはつまり、「いつまでも祭の中にいなくてはならない」ということです。

対して八〇年代前半は、ぎりぎり「祭はいつかは終わるものである」という空気が、世の中にありました。祭が終わるのは寂しいし、うまく切り替えることができない人もいるけれど、それでも人は「大人」や「おばさん」にならなくてはいけない、とわかっていた。それがつらいから「街角のペシミスト」では、「このままがいい」と、「永遠の祭」に対する若者の渇望が歌われたわけですが、現実には「このままではいられない」からこそ、ユーミンの「祭の終わり」名ソング群は生まれたのです。

「いつまでも祭は続く」と思い込む人か、「祭になど参加したことがない」という人しかいない今、この手の歌は作りづらいのだと思います。最も華やかで輝かしい季節が終わってしまう時のあのせつなさを歌にできないとは、ミュージシャンにとって何と不幸なことでしょうか。

「昨晩お会いしましょう」をリアルタイムで聞いていたかつての若者達の中にも、大人へ

「いつまでも若く」の呪縛（じゅばく）の中にある人は、多くのスイッチをうまく切り替えられず、今も人並外れた若さをキープし、かつ仕事の面でもいのでした。そしてその原因の一端は、ユーミンと自分を重ね合わそうとするせいではないかと、私は〝第一線〟感を持ち続ける思っているのです。

永遠の若さを求める我々の欲求は、タワーが象徴する、永遠の発展への欲求と、どこか似ています。不吉だとわかってはいるのに求めずにはいられないという、そんな欲求を肯定することができたこの時代、人間はかなり幸福だったのではないかと、今にしてみると思うのです。

10　ブスと嫉妬の調理法

PEARL PIERCE

1　ようこそ輝く時間へ
2　真珠のピアス
3　ランチタイムが終わる頃
4　フォーカス
5　夕涼み
6　私のロンサム・タウン
7　DANG DANG
8　昔の彼に会うのなら
9　消息
10　忘れないでね

（1982年6月21日発売）

1982年

東京・永田町のホテル・ニュージャパンで火災、死者33名。日航機が機長の「逆噴射」で羽田沖に墜落、死者24名、負傷者150名。映画『E.T.』が公開、史上最高の観客動員数を記録した。「世界のアヤコ」岡本綾子が全米ゴルフツアーで初優勝。

ブスに優しいユーミン

「PEARL PIERCE」の中で、私が個人的に強いシンパシイを寄せている曲は、「フォーカス」。

「度の強いレンズのうしろに
長いこと逃げ込んでいたのよ」

という詞で始まるこの歌はそう、メガネっ娘が主人公。管見の限りにおいては、ユーミンの歌の中で唯一のメガネっ娘ソングがこの「フォーカス」であり、眼鏡歴が長い私もまた、この歌に元気づけられた者なのでした。

このアルバムが出た当時、眼鏡女＝容姿に難あり、という認識が世の中にはありました。「PEARL PIERCE」の発売は一九八二年ですが、その翌年には某大手書店において、新入社員の採用時、「ブス、チビ、カッペ（既に死語化していますが、田舎っぺの意味）、メガネは採用しないように」といった内容の内部文書が存在していたということが国会でも問題になったりもしました。それだけ眼鏡は、特に女性にとって駄目なアイテムだったのです。

今でこそ、おたく業界では「メガネっ娘」という言葉もでき、眼鏡萌えの男性も増えました。お洒落で安価な眼鏡ショップも増え、ファッションとして伊達眼鏡をかける女の子も珍しくなくなり、眼鏡と女性をとりまく状況は好転しています。しかし当時、眼鏡をかける女は、それだけで可哀想な存在だったのです。

「高校の友達はみんな
しあわせに片づいていったわ
私だって恋に泣いた日々はあるけれど
どれもはしかばかり」

という歌詞を読んでもわかる通り、当時は若いのに眼鏡をかけている女というだけで、積極性や自信を失う可能性があったし、モテませんでした。友達がどんどん結婚していっても、この歌の主人公だけは残っていたのです。

しかし、天はメガネっ娘を見放しませんでした。冒頭の歌詞に続くのは、

「なんとなくぼやけてるあなたのくちびるが
愛してると云った」

というもの。

「あなたに今日　めぐり逢うまでは
いつでも私　眼鏡をとらなかった」

のですが、彼女はついに運命の人とめぐりあって、眼鏡を外しました。

彼女はおそらく、眼鏡を外すと案外可愛いという、昔の少女漫画に出てきがちな女の子だったのでしょう。眼鏡慣れしている今時の男性は、眼鏡オフ時の容姿を想像することもできるようになっていますが、当時はそのような能力を持つ人は少数派だった。

自分に自信が無い女の子が主人公なのは、この歌ばかりではありません。ユーミンの歌というと、颯爽(さっそう)とした格好いい女性が主人公というイメージがありますが、それぞれをよく聴いていると、歌の主人公達は、自信満々なタイプばかりではない。容姿についても然りで、ユーミンの歌はブスに優しいのです。

その辺りは、ユーミン本人の容姿とも関係があるのでしょう。……というとかなり語弊があるようにも思われますが、これはユーミン本人が言っていること。『ルージュの伝言』には、

「私は本当にブスだったからさ、」

という言葉があるのです。

「まあ、ブスだったからって、今はなんか、顔は精神で作るもんだとか思ってるし、化け方もいっぱいあるから人前に出て恥ずかしくないぐらいには洗練はされたと思うんだけど」

と続くわけですが、既にカリスマ的人気を獲得していたユーミンのブス宣言は、大胆な行為に思えます。しかし、〝ブス性の客観視〟は、ブスに気付かないフリをするよりも、ずっと知的な姿勢でした。ブス性を自ら認めることにより、ユーミンはさらに「格好いい」と女性達から思われたのです。

そして、

「私、顔かたちとか、そういうふうなコンプレックスがすごく、ものすごくあったわけよ。だから女の子にやさしいっていうか、受けがいいのかもしれないね。妙にリアリティーあるのかもしれない」

という文を読めば、「フォーカス」の歌詞から滲み出るメガネっ娘への優しさが、よく理解できるのでした。

「フォーカス」における眼鏡とは、女の子達が悩む、あらゆる容姿の不具合を象徴する存在です。市井の多くの女の子達は、自分の容姿の不具合さ故に悩み、異性に対して自信を持つことができず、他の女の子達に「いいところ」をさらわれていると思っています。しかし「フォーカス」の中では、容姿に難がある女の子が、容姿の難など全く気にしないで「本当の私」を見てくれる王子様とある日突然出会う……という、ブスにとって理想の展開が繰り広げられているのです。

「臆病な部屋から私を
はじめてよ　つれ出してくれたの
世界中がぼやけても　心のフォーカスは
あなたに合ってるから
いつも近くにいて」

という詞で歌は終わり、眼鏡をかけた女の子は、王子様とのハッピーエンドを迎えるのでした。

ベッドの下に仕込んだ真珠爆弾

ユーミンがよく理解しているのは、容姿の不具合を抱える女性の心理ばかりではありません。女性達の精神的な不具合、つまり性格の悪さもまた、ユーミンはよく理解してくれるのです。

アルバムタイトルにもなっている「真珠のピアス」は、そのモチーフからして、大人っぽくてお洒落な感じがする歌です。が、歌詞を読めば「これはけっこう、怖い歌なのでは？」と思う人も多いことでしょう。

一組のカップルが別れを迎えた朝、女性が彼のベッドの下に、真珠のピアスを片方捨て

た、というのがこの歌があらわす情景。なぜ彼女はそんなことをしたかというと、

「もうすぐかわいいあの女（ひと）と
引越しするとき気づくでしょう」

ということから。

「Broken heart　最後の夜明け
Broken heart　最後のジェラシー」

のリフレインでこの歌は終わっていくわけですが、「最後のジェラシー」によってベッドの下に投げられた一粒の真珠は、「かわいいあの女」と彼という新しいカップルにとっては、時限爆弾のような存在です。ベッドの下に爆弾が仕込んであるのを知っているのは、この歌の主人公だけなのだから。

彼女は真珠の爆弾によって「かわいいあの女」を殺した後に、自分が生き残ろうとは思っていません。真珠爆弾は、真珠爆弾をベッドの下に仕込んだ彼女のことも、確実に殺す。そんな「死なば諸共（もろとも）」という女の特攻精神を、この歌はお洒落に表現しているのです。

「DANG DANG」は、軽快なリズムが印象に残る元気な曲ではありますが、この曲もまた、別れに伴う怖い歌です。

歌の基本姿勢は、「別れたのは悲しいけれど、ふっきろう」というもの。

「あなたにふさわしいのは私じゃないって
電話を切ったあとに思い切り泣いたあの日」

の、お話です。彼女はその後、

「だんだんとスピードをあげて走っていた
朝焼けの海辺を」

ということで、別れの悲しみを紛(まぎ)らわせるために、車のスピードをあげて、海辺を走っているものと思われます。歌詞には車とは明記していないものの、自転車とかランニングではないと思うのです、この場合。以前の作品には、ユーミンの強い「助手席性」を感じると書きましたが、運転席にいた男性を失って、女性は自分で運転せざるを得ないのです。

ここで終われば、前向きな「失恋ふっきりソング」であるわけですが、この歌は単に失恋した女を元気づけようとする歌ではなく、「ただでは転ばない」という気持ちをにおわせるのであり、それがわかるのは次の二行において。すなわち、

「彼女は知らないなら友達になるわ
それしかあなたに会うチャンスはないもの今は」

というものです。

男は、彼女より好きな子ができたから、彼女をふった。おそらく彼女は情に厚いタイプで、付き合ってはみたものの、彼にとってはかなり重かったのだと思います。彼は、

「あなたにふさわしいのは私じゃない」

と、彼女が自分から別れを切り出してくれて、ほっとしたところもあったでしょう。だというのに、彼女が「新しい彼女と友達になれば、また彼に会える」と目論(もくろ)んでいることを知ったら、彼としては背筋が寒くなるのではないか。新しい彼女が、「私の友達なの」と元カノを連れてくるというのは、男性にとって悪い夢でしかない。この時代、ストーカーという言葉はまだ世に出ていませんでしたが、この歌にはストーカー的要素が盛り込まれています。

アルバム「PEARL PIERCE」には、なぜかこの手の曲が多く、最後の曲「忘れないでね」もまた、女の情念ソングなのでした。

「横に眠るひとがいるのも知っていて
でもあなたを好きになった」

という詞から始まるこの曲は、不倫の歌と言っていいでしょう。主人公は、妻もしくは同棲相手と共に眠る彼のことを思い、悶々(もんもん)と眠れぬ夜を過ごしています。そして、

「ルルル…　ルルル…　ルルル…
と三回　鳴らして切ったら
それは　それは
淋しい私から"I want you"
忘れないでね　Baby Baby」

ということで、彼女は淋しさに耐えきれず、夜中にイタ電をかけているのです。もちろん、彼女に電話をかけさせる原動力は、淋しさだけではありますまい。嫉妬という要因が、そこには深くかかわってきます。

携帯電話など無い時代ですから、彼女は深夜、相手の家の固定電話を鳴らしているのです。相当な迷惑行為であるにもかかわらず、

「うたがわれたときは心配させちゃだめよ
そう　どこかのいたずらと云って」

と、まるで自分が、相手の妻（もしくは同棲相手）のことを気遣っているかのよう。

「嫉妬って、するよね」

「真珠のピアス」、「ＤＡＮＧ ＤＡＮＧ」そして「忘れないでね」の主人公は皆、自らの

中に波打つ嫉妬心をおさめることができず、何かせずにはいられない人達です。それだけでなく、嫉妬という醜い感情をコントロールできないことに対する言い訳行為を、それぞれがしている。

「真珠のピアス」であれば、新しい彼女のことを「かわいいあの女」と言うのが、それに当たりましょう。それは決して嫌味ではなく、「自分から男を奪った新しい彼女のことを『かわいい』と言う善良さが私の中にはある」という、アピールだと思う。

また「DANG DANG」における、

「あなたにふさわしいのは私じゃない」

と電話で彼に言うというのも、「こんなにあなたのことを思っているから、私は自分から身を引くのだ。こんなに利他的な人間なのよ、私は」という主張でしょう。彼女は、利他的な自分を彼に印象づけることによって、

「おまえの方が俺にはふさわしいんだよ」

と言われることを、期待しています（言われないのだが）。

そして「忘れないでね」における主人公も、夜中にいやがらせ電話をかけるトリガーとなっているものは自らの嫉妬心だとわかっていながら、「あなたのせいで孤独感に苦しみ、電話を鳴らしてしまう可哀想な私」ということにしています。さらには、「こんなに淋し

い私なのに、あなたの奥さんのことは気遣っているのよ。身の程を知っているでしょう」という自己憐憫および自己陶酔も見え隠れする。

「PEARL PIERCE」における情念ソング三曲は、男性からしたら、身の毛もよだつような歌かと思います。もしくは、当時の男性はその歌の真意に気づかず、ただ流行のお洒落ソングとして聞き流していたかもしれない。

対して女性の聴き方は、違います。女性達は、自らもまた心の底に抱いている嫉妬心や、自分を哀れむ心、そしてそれらが無いフリをして自分を良い子に見せようとする心を、これらの歌によって自覚し、「ユーミンはわかってくれている」と思うことができたのです。もしかするとファン達は自らが、嫉妬地獄に陥った時にこれらの歌を聴くことによって満足し、実際の行為に出るのを自制できたかもしれません。

このようにユーミンは、女性の外面および内面の醜さに対して、見て見ぬフリをしない人でした。嫉妬心など持ったら負け、とでも言うかのように前向き姿勢が礼讃される今時の歌を見ていると、「スキーって、楽しいよね」という感覚と同じくらいあっけらかんと、「嫉妬って、するよね」と表現するユーミンの歌の存在が、いかに貴重であるかが理解できます。

嫉妬がテーマの歌であっても重苦しくならないのは、メロディーやアレンジのせいのみではないのでしょう。ユーミンは、「嫉妬って、するよね」とは歌っていますが、「嫉妬って、苦しいよね」とは歌っていません。女性達が、

「そうそう」

と軽くうなずくことができたのは、その苦いけれど苦すぎないという、味付けのせい。「醜さ」という感情を扱う時も、まるでフグの肝(きも)を扱う料理人のように、決してつぶさず一塊(ひとかたまり)の物体として扱う職人の技がそこにはあるのですが、「フグの肝って、食べられるのね」と思ってさらに箸を進めた結果、地獄のような苦しみを味わってしまった女性もいたのではないかと、私は思うのです。

11　時を超越したい

REINCARNATION

1 REINCARNATION
2 オールマイティー
3 NIGHT WALKER
4 星空の誘惑
5 川景色
6 ESPER
7 心のまま
8 ずっとそばに
9 ハートはもうつぶやかない
10 経(ふ)る時

（1983年２月21日発売）

1983年Part1

東京ディズニーランドが開園。マドンナがデビューし、そのファッションを真似る女性が大量発生した。アメリカではエイズ（後天性免疫不全症候群）が問題化。NHKの朝ドラ『おしん』が平均視聴率52％を超える大ヒットに。

スピリチュアルな世界との親和性

「REINCARNATION」が発売された一九八三年、私は女子高生。絶好調で遊びまくる、我が世の春を迎えておりました。

そんな女子高生にとって、もちろんユーミンは憧れの人であったわけで、お年頃的にも、そして時代的にも、「ユーミンが言うことは何でも格好いい！」と思う気まんまん。

が、とてもわかりやすいタイトルであった「PEARL PIERCE」の後の「REINCARNATION」という単語は、私にとってよくわからないものでした。とはいえユーミンのニューアルバムが出る時は、たくさんの雑誌にインタビュー記事が掲載されるので、すぐにそれが「輪廻」という意味であることを知った私。輪廻って、生まれ変わることだよねぇと一瞬ポカンとしましたが、しかしすぐに私は、その言葉が持つ「わけのわからなさ」に対して、「格好いい！　お洒落ー！」と思っていた。

八〇年代は、目に見える世界を豊かにすることが大切、という時代でした。できるだけ素敵なものを、できるだけたくさん所持したい。できるだけ条件の良い素敵な人と、恋愛したい。まさにそれは物質的な時代であり、私達は物質的豊かさが与えてくれる楽しさを、疑うことなく享受していたのです。

ユーミンは、そんな物質的に豊かな社会を象徴するようなミュージシャンであると見られていました。スキー、サーフィン、ドライブ……と、ユーミンは若い男女に「素敵！」と思わせるライフスタイルを提示し、消費を牽引すらしたはずです。

そんなユーミンが、ここにきて「輪廻」とは。……と驚いた大人もいたのかもしれませんが、そんな急なハンドル転換さえも、我々には「お洒落」以外の何ものにも見えなかったのです。

今でこそ、パワースポットだヒーリングだと、スピリチュアルブームとなっており、「目に見えない世界を大切にする」ということがお洒落、といった空気が漂っていますが、当時はその手の気配は皆無。七〇年代に超能力やオカルトものが流行ったことはありましたが、目に見えない世界＝イカもの、という空気はずっと続いておりました。「スピリチュアル」という言葉すら、まだ日本では通じなかったのではないか。

しかしユーミンは、物質的世界の女王のような立場でありつつ、「そっち」に手を出しました。私、すなわち市井の女子高生は、「ファンが期待している物質感あふれる言葉とは正反対の単語をポンと出すことによって、反対にファンに刺激を与えようという、これはマーケティングの一種なんだわきっと」と、まぁそんなにはっきりと思ったわけではないけれど「これはきっとユーミンの戦略。そしてそれに乗せられるのが気持ちいい」くらいの気持ちで、このアルバムを聴いたのです。

しかしユーミンは、マーケティングの結果として、スピリチュアル的な言葉をもってきたわけでは、なさそうです。バブル期以降、ユーミンの歌の世界がぐっと精神世界寄りになったことは知られていますが、ユーミンの中には、もともとその世界に対する親和性があった。この時期に、初めてその種子をユーミンがアルバムの中に植えたのは、「PEARL PIERCE」によって、物質的世界においては行くところまで行った、という感覚があったからではないか。

『ルージュの伝言』には、

「口をきけないものとかと交信してたということ、よくあるの。花とかね。空飛ぶ円盤なんかも二回ぐらい見てるし」

「ラップ現象とかもすごく経験してるよ、ジャカルタやなんかでね」

といった発言があります。また、

「たとえば善光寺（ぜんこう）とか平安神宮（へいあん）とか、あたしよく行く神社とかがあるんだけどね。そういうところへ行くとやっぱり必ず磁場があるのね。パワーの密度が濃いということかもしれないし、土地自体がパワー持ってるってことなのかもしれないけど」

という発言を読めば、それは今でいう「パワースポット」について語っているということとがわかる。

この本が出たのは、「ＲＥＩＮＣＡＲＮＡＴＩＯＮ」発売と同じ年。当時は、パワースポットなどという言葉はありませんでしたし、若い女性が神社に行くとしたら、磁場とかパワーを求めてというよりは、名所旧跡を見物するという観光目的だったものです。神社をパワースポットとして捉えるユーミンの感覚は、ですからものすごく早い。早いというよりはおそらく先天的に、目に見えない世界に対する感覚が鋭敏だったのでしょう。

その手の世界に対する感覚が鋭い女性は、いつの時代にもいたわけです。シャーマンとかイタコとかノロといった人達、はたまたある種の芸能に携(たずさ)わる人も、そうだったに違いありません。

その系譜の中でユーミンは、たまたま物質社会として頂点を迎えつつある日本に生まれたがために、目に見えない世界と、目に見える世界とをドッキングさせることに成功したのです。そしてユーミンは、目に見える世界における感覚も、人並みはずれて鋭かった。

アルバムの一曲目「ＲＥＩＮＣＡＲＮＡＴＩＯＮ」は、輪廻という宗教用語をタイトルにもってきてはいますが、中身はラブソングです。

「Once upon a time　遥かな過去から
今日まであなたを求めて

REINCARNATION」

という歌い出しは、メロディーラインも勇ましいのであり、真珠のピアスをベッドの下に投げただの拾っただのといった歌詞とは一線を画するもの。しかし、

「二人は知らない時代
どこかで一度めぐり逢っていたはず」

とか、

「二人は気づかぬうちに
同じあやまちをくり返すかもしれない」

といった歌詞を見ると、恋人達の睦言(むつごと)と精神世界ワードには、意外と通じるものがあるのかもしれないと思うのでした。

恋愛につき進んでいる時、人は、「運命の出会い」とか「前世から一緒」といったことを言いたがるし、信じたがるものです。発情した時にたまたま隣にいただけの人と恋をしているのかもしれないけれど、その出会いに必然性を与えるために、人は「運命」「前世」といった単語を使用する。

「Far beyond time　この次死んでも
いつしかあなたを見つける」

という歌詞が繰り返されると、「東海道四谷怪談」などが思い出されて少し怖くもあるのですが、しかし恋愛とは、女性の中にある原始の炎を燃えたぎらせる行為であることを、この歌は思い出させます。バブル期にかけて、恋愛とは物質的な行為であると思われがちでしたが、そちら側の旗手と目されていたユーミンが、いち早く恋愛とスピリチュアル世界とをドッキングさせていたことは、忘れてはならないでしょう。

そういえば松田聖子さんが、交際していた郷ひろみとの破局を発表した会見において、

「生まれかわったら、一緒になろうねって……」

と泣き声で語ったのは、一九八五年のことでした。今考えると、もしかすると聖子ちゃんの発言にも、「REINCARNATION」の歌詞は、少なからぬ影響を与えていたのかもしれないと思うのです。

ユーミン二十九歳の自覚

時間というもの、そして時間の不可逆性というものが、ユーミンの歌においては常に重要なモチーフとなっています。荒井由実時代から、すなわち極めて若い頃から、

「青春の後ろ姿を
人はみな忘れてしまう

あの頃のわたしに戻って
あなたに会いたい」

（「あの日にかえりたい」）

と、時間の逆走願望は歌われていますし、青春バンザイ！的なアルバムである「SURF&SNOW」の中にさえも、

「ああ　時はさざ波　私達を
離ればなれ　遠い島へ運ぶ」

（「灼けたアイドル」）

と、人生の夏である青春期もいずれ終わってしまうという、時間の残酷さを教える歌を混ぜている。

それは、時間の不可逆性に対する嘆き節ではありません。漂ってくるのは、「もう戻れない」という、ほろ苦い甘さなのです。

しかし、過去への懐古行為に甘さを漂わせることができるのは、若いうちだけのことなのではないかと、私は思います。まだまだ若い人が、もっと若かった時代のことを思い返すから甘いのであって、若さを失った人が懐古に浸ると、それは単なる嘆き節、もしくは無闇な若さ礼讃となりがち。

そしてユーミンは、「REINCARNATION」を出した時、二十九歳。今となっては二十九歳はじゅうぶん若いと言える年ですが、三十年前は、色々と思うところがある年齢だったのではないかと推察します。もちろんユーミンは、年齢を超越した存在であったわけですが、超越する前には必ず、年齢を自覚しなくてはならないはず。

輪廻というスピリチュアル言語をここで使用した背景には、ユーミン自身の年齢も関係するのではないかと、私は思います。二十代という輝かしい季節が終わりに近づいた時、ユーミンは時を超越したいという欲望をさらに強く抱きはじめたのではないか、と。

「REINCARNATION」の次のアルバム「VOYAGER（ボイジャー）」には「時をかける少女」が入っています。これは、筒井康隆の同名小説が映画化された時に、主演の原田知世が歌った曲のセルフカバー。

ユーミンが「時をかける」という表現を使ったのはこの歌が初めてではなく、「REINCARNATION」の中の「ずっとそばに」にも、

「そっと呼んで　つらいならば
時を　かけて行くわ」

という歌詞があります。この「かける」が、「駆ける」なのか「賭ける」なのか、はたまた「架ける」なのかは私にはわかりませんが、いずれにせよ時間を超越する愛が、ここ

でも歌われているのです。

無常への挑戦姿勢

このアルバムの最後の曲は、その名も「経(ふ)る時」。

「窓際では老夫婦が
ふくらみだした蕾をながめてる」

と、歌は始まります。人生の終わりが近い老夫婦と、これから咲き誇る蕾(つぼみ)との対比がそこにはある。しかしその蕾でさえも、

「やがて花は咲き誇り
かなわぬ想いを散らし　季節はゆく」

のです。老夫婦も、これから花咲かせる蕾も、結局は同じなのだという、その視線の裏には、諦念のようなものがある。

この歌の主人公は、ホテルのティールームで老夫婦を眺めているのですが、蕾と老夫婦を見る主人公自身もまた、自分が蕾や老夫婦と同じ存在であることを、自覚しています。

彼女は、

「二度と来ない人のことを

ずっと待ってる気がするティールーム
水路に散る桜を見に
さびれたこのホテルまで」
という状況にあるのです。
この歌を聞くと、かつて千鳥ヶ淵にあったフェアモントホテルを私は思い出します。あのホテルの、桜がよく見えるティールームは、確かに昔の恋を思い出すには良い場所だったかもしれません。
しかし「二度と来ない人」とか愛だの恋だのといったモチーフは、この歌にとっては実はどうでもいいのだと私は思います。最後、
「四月ごとに同じ席は
うす紅の砂時計の底になる
空から降る時が見える
さびれたこのホテルから」
という歌詞でこの歌は終わるわけですが、この歌のテーマは、無常というもの。ユーミンは、花びらが散ることを「うす紅の砂時計」と表現したのです。その砂時計は、過ぎゆく時を残酷に示す。

何と美しい表現、そして何と悲しい表現。この歌は、「桜と無常」という、日本人が古くから愛する歌のテーマを、踏襲しています。日本人が延々と、そしてうっとりと詠嘆してきた無常というものが、この歌にもそのままあらわれている。

『古今和歌集』には、

「花の色は　うつりにけりな　いたづらに　我が身世にふる　ながめせしまに」

という小野小町(おののこまち)の歌がありますが、これは桜と無常を歌った和歌の中では、最も有名なものの一つでしょう。この時、「世にふる」の「ふる」は、長雨が「降る」と時が「経る」との掛詞(かけことば)。そしてユーミンの「経る時」の「経る」も、花びらが「降る」と時が「経る」の掛詞。「経る時」の底には、小野小町がいます。

小野小町のこの歌には、うつろいゆく桜への詠嘆とともに、衰えゆく自らの容色への詠嘆も込められているという説があります。小野小町もまた、若さを失いつつあった時に、無常を思ったのか……。

してみると、このアルバムの「川景色」という歌を聞いても、私は「ゆく河の流れは絶えずして」という、『方丈記』の冒頭部を思い出すのでした。恋人達が仲良く川景色を眺めている、というのどかな感じの歌なのですが、

「じっとしてね　ちょっとだけ

光と影ゆらさずに
恋が消えてしまったら
この景色も消えるから」

という歌詞を見ると、決してそのままの姿でとどめておくことができない恋愛と時間の共通性、さらには時間の流れと川の流れの共通性に思いが至る。

しかしユーミンは、時の不可逆性だの無常だのといったことを、ただ嘆く人ではありませんでした。小野小町の時代から千年以上経ってから生まれた女性は、ただ無常を嘆くのではなく、無常に挑戦しようとしたのであり、その挑戦姿勢は、ユーミンが三十代を迎えてからますます目立つようになります。「REINCARNATION」という勇ましい歌は、その挑戦の始まりを告げる、進軍ラッパ。我々は、まるでハーメルンの笛吹き男についていくかのように、そのラッパの音に導かれていったのです。

12　女に好かれる女

VOYAGER

1 ガールフレンズ
2 結婚ルーレット
3 ダンデライオン～遅咲きのたんぽぽ
4 青い船で
5 不思議な体験
6 ハートブレイク
7 TYPHOON
8 TROPIC OF CAPRICORN
9 私を忘れる頃
10 時をかける少女

(1983年12月1日発売)

1983年Part2

横浜市内で少年による浮浪者襲撃事件が相次ぐ。任天堂が「ファミリーコンピュータ」を発売。深夜のフジテレビ「オールナイトフジ」で女子大生がクローズアップされる。「無印良品」「六本木WAVE」オープン。エアロビクスが大流行。

優しくて陽気な女友達

前作「ＲＥＩＮＣＡＲＮＡＴＩＯＮ」において、時間への挑戦姿勢を打ち出した、ユーミン。同じ一九八三年の暮れに発売された「ＶＯＹＡＧＥＲ（ボイジャー）」においても、その姿勢は続いているように見えます。

「ＶＯＹＡＧＥ」は航海の意ですから、「ＶＯＹＡＧＥＲ」は航海者。そこにはロマンティックな響きがあるわけで、ＮＡＳＡの探査機のみならず、旅行バッグからトレッキングシューズまで、様々な旅関連グッズのネーミングに、この言葉は使用されております。

本アルバムのジャケットは、ビルの狭間を、赤い水着姿のユーミンが泳いでいる写真。都会を一人、泳いで渡る女の姿は、ユーミンらしい世界観を示すといえましょう。

しかしこのアルバムで描かれている〝ＶＯＹＡＧＥ〟は、単に都会を浮遊するという、世俗的な意味での航海のみを示すものではありません。時間を旅するという意味での「航海」も、このアルバムの大きなテーマ。世俗の航海から始まって、時間の航海へ。「ガールフレンズ」で始まり「時をかける少女」で終わるこのアルバムは、そんな流れをもっています。

一曲目の「ガールフレンズ」は、「彼にふられてしまった女の子を、女友達が慰める」

という、よくあるシーンがモチーフです。「わかるわかる」「あるある」という感覚をもって、私達はアルバムにひきこまれることになる。

「そう　みんなが云ったとおり
先は見えてたの
あの恋はついにこわれたわ」

と始まるこの歌。「あの恋」が始まった時、女友達は口々に、

「あんな男、絶対に駄目」
「どうせすぐ別れるんじゃないの?」

と言っていたのでしょう。しかし主人公は、そんな忠告に耳を貸さずに突き進んだ……のだけれど、やはりその恋は良くない結末に終わった。

女友達はそんな時、優しいのです。「そらみたことか」とはならず、

「用事をすませて　信号を抜けて
ひさしぶりに集った
ふられた私に　みんなは陽気な
ガールフレンド」

ということになる。

主人公が恋に没頭している間、仲良しグループが集まる機会は減っていたのでしょう。未婚女性の友情は、誰かが恋におちている最中は、しばしば放置されるもの。その現象を見て、ホモソーシャル的な友情こそが真の友情と信じる男性達はしばしば、「女同士の間に、本当の友情は存在しない」などと言います。

しかし女性の友情は、もっと合理的なものなのでした。異性に夢中になっている時とか、子育てに没頭している時、元々あった女同士の友情がおろそかになりがちなのは事実ですが、女性は、「それはそれで仕方がない」と思うのです。何かに夢中になったり没頭したりする時期はやがて終わるわけで、その時に友情を再構築すればいいのだ、と。

「男の友情こそ真の友情」と信じる男性達はしばしば、老後に友達がいなくて寂しい思いをするのでした。「真の」友情を求めるあまり彼等は友達を厳選し、異性との恋愛ごときでは揺るがない濃密な付き合いを続けます。しかし厳選した友人が他界してしまうと、一気に「友達がいない」という状況に。

対して女性は、多くの方向にゆるやかな友情の紐帯(ちゅうたい)を持っています。恋愛、子育て、介護や看取(みと)りといった「人生の一大事」に直面した時、一時中断する友情もあれば、共通経験を通じて深まる友情もある。そして女性は、自分達の老後には、中断をはさみながらもゆるく交際を続けてきた女友達と共に生きることになるのです。

「ガールフレンズ」は、人生の前半における友情の再構築を歌っています。「恋愛に没頭するあまり同性との付き合いを無視する友人」が、高校生の時に初めて登場した時は、私も驚きました。「人はこんなにコロッと変わるものなんだ！」と。そんな人のことを「女より男を取るのね」と、腹立たしく見たこともあったもの。

しかし、その手の恋は熱病のようにすぐ終わること、そして自分もそんな熱病状態になることがわかると、「友情より恋愛を優先させる女友達」を、「どうせ病が治まったら戻ってくるし」と、温かく見守ることができるようになったのです。次第に、「男と別れてもまたすぐ別の男と付き合うことはできるけれど、友情を形成するには時間がかかる。本当に大切にしなくてはならないのは、友情なのだな」ということにも気づく。

「ガールフレンズ」は、そんなことがわかってきた頃の女性達の歌です。

「想い出のせいじゃなく
悲しかったのは
やさしすぎるから　あなたたちが」

ということで、女友達は既に、ふられて傷ついた仲間を、再び優しく迎え入れる度量を持っているのでした。

この歌は、様々な年代にあてはめることもできます。「ふられた私」の部分には、「離婚した私」「子育て疲れの私」「看取った私」など、年齢に応じて様々な言葉を入れれば、いつでも女の友情讃歌となる。

ユーミンが「女同士」について歌うと、このように「男と女」を歌った時と同等もしくはそれ以上のリアリティーを持ちます。だからこそユーミンは女性に好かれる歌い手であるわけですが、『ルージュの伝言』にも、

「私はね、女の子たちにすごく好かれてトップグループにいられるんだと思ってる。自分でいうのもおかしいけど、女優さんなんかも含めて、そういうの珍しいと思うんだ」

とあるのです。今でこそ「女に好かれる女」は珍しくなく、と言うより女に好かれないと女のスターは成立しなくなっていますが、この時代はそうではなかった。素人も玄人も、女が生きていくためには、異性に好かれなくてはならなかったのです。

専業主婦とキャリア女性の分かれ道

そんな中で、「女に好かれる女」のトップランナーとなった、ユーミン。中学・高校と女子校に通ったことによって、女子心の機微と「女子扱い」の手法を学んだということもできましょう。また女性の自立が進む中で、男に頼るだけが生きる道ではない、という気運も生まれてきました。「女同士」という、それまでは人生における嗜好品のようなもの

だと思われていた関係性が、長い人生においては意外に重要であるということに、女性達は気づくようになったのです。

ユーミンには、異性に媚びる姿勢が、ありませんでした。早くに結婚していましたので、媚びる理由もなかったし、また外見やファッションも、「かわいい」ではなく「格好いい」。何だかんだ言ったところで、ナチュラルストッキングの女が内股で立っている姿が日本の男性は最も好きなわけですが、ユーミンは常に、モード系ファッションで外股に立っておりました。

このアルバムが出た頃は、松田聖子さんがアイドルとして大人気であり、「ぶりっ子」という言葉も流行っていました。ふりふりのドレス、引力に逆らうかのような聖子ちゃんカット、そして何かの賞をもらった時の泣き方まで、歌の上手さ（これは本物だった）以外の全てが人工的だった、聖子ちゃん。その人工感こそが、「異性に好かれる」ことを目的とした「ふり」だったから、彼女は「ぶりっ子」と呼ばれたわけです。

対してユーミンは、声の低さも、センスの良さも、容姿も、自然なものに見えました。聖子ちゃん的アイドルに夢中になっていた男子を横目に、「あんなぶりっ子がいいだなんて！」とカリカリきていた女性達は、ユーミンの媚びない格好良さと、女の世界の現実を描く歌に、共感したのです。

かくして市井の女達は、「女に好かれる」という世渡りの道もあることに、気づいてしまいました。女性達は、異性に好かれるためにぶりっ子をしながらも、それに疲れるとユーミンを聴いて、「こういう生き方だってあるのだ」と、自らを慰めた。

やがて我が国では、女性が生きていく上での道が、「男に好かれる道」と「女に好かれる道」の二つに分かれることになります。男に好かれる道を歩む人は、早いうちに結婚して子供を産んで、専業主婦の道へ。対して、男に好かれるための「ふり」をするのがどうしても上手くできない人は、キャリアを重ねて、晩婚もしくは未婚の道へ。

結婚しか生きる術が無かった時代の女は、あらゆる手を使って結婚をしました。その頃の独身者は、自分で努力しなくとも、親や親戚が相手を見つけてくれたのです。

しかし恋愛結婚の時代、すなわち「異性にとって都合の良い存在でないと結婚できない時代」になると、人は努力無しでは相手を見つけられなくなりました。その努力のあらわれが、男性で言えばデートマニュアルであり、女性で言えばぶりっ子だったのです。

競争の時代となると当然、落ちこぼれも出てきます。競争に破れ、疲れた人は、「男に好かれる」よりも「女に好かれる」というセイフティ・ネットに着地しました。何せ同性同士ですから、女友達とつるむのはラクだし、理解し合うのも容易。元々カップル文化が無い日本では、人は放っておくと同性同士で固まる傾向があるわけで、女同士でいても

「レズ？」などと思われる心配も無い。さらにはユーミンも「それでいいのだ！」と応援歌を歌ってくれるとあって、大船に乗った気で「女に好かれる」道を進む女性が続出したのです。

結婚へと持ち込む手練手管

もちろんユーミンは、決して「女に好かれる」道ばかりを賛美していたわけではありません。

ユーミンの歌の特徴として「助手席性」というものがあると前にも書きましたが、助手席性とは、一人の男性に所属し、運命を委ねることをよしとする感覚。女に好かれる女であるユーミンは、「男に好かれる女」の道も、たくさん描いているのです。

しかし、ぶりっ子が「私、ぶりっ子なんかじゃありません」と、あくまで自らの媚態(びたい)に気づかぬフリを貫き通すとしたら、ユーミンの「男に好かれる女」の歌には、客観性があります。「きれいごとだけでは、決して女は助手席を確保することはできない」という自覚が、そこにはある。

「VOYAGER」の中の「結婚ルーレット」は、そのような客観性を示す歌となっています。

「コップのウォッカがこぼれ落ちる寸前まで
コインを沈め合うの
そんなかけひきも近頃はもどかしくて
いっそ倒したくなる」

で始まるこの歌。要するに、「結婚とは運命や宿命でするものでなく、かけひき如何(いかん)によって成功も失敗もするゲームの結果である」ということを、この歌は歌います。

「ホイップし過ぎたら
しぼむ恋はメレンゲ
ちょうど良い頃合いに止めてよ」

という歌詞からも、どちらかが熱くなりすぎてしまうと、恋愛感情は一気にぺしゃんことなって結婚は成立しなくなるというセオリーを読み取ることができる。そして、

「最後の線で待っているの　プロポーズ
私って　サイテーだわ」

という部分を読めば、主人公の女性は、結婚へと持ち込むには手練手管(てれんてくだ)が必要であるということを理解しており、そんな自分にうんざりしていることが読み取れるのです。

世の若い女性は、結婚するには技術と努力が必要であることを、知っています。プロポ

ーズとは、恋愛感情の高まりにつれて自然発生するものではなく、女の側からどうにかして「言わせる」ものなのだ、と。

しかし多くの女性達は、手練手管など使っていない顔をするのでした。周到な計画の末に言わせたプロポーズなのだけれど、運命的な恋の末の必然としてのプロポーズであると相手に思わせ、自分でも思い込む。

この歌の主人公は、プロポーズを言わせるための策を練っていることを、自覚していま す。だからこそ彼女は「サイテー」と思っているわけで、その辺りに女性達は共感する。そしてその共感は、策士であることに無自覚な女性ほどやすやすと幸福を摑んでいるように見えるせいで、ますます強まるのです。

結婚への策を練る歌がある一方で、このアルバムには、助手席を飛び出そうとする女性の歌もあるのでした。別れの歌である「私を忘れる頃」には、

「あなたに　のぞまれても
捨てられなかった夢
やがて許してね　いつか許してね
私を忘れる頃」

という歌詞があります。

この歌詞から推察すると、主人公の女性は、自らの夢の実現のために男性と別れた、ということになります。助手席を離れ、自らが主体的にハンドルを握ろうとする女性が、ここに登場するのです。

結婚を目論む女。結婚をせずに夢を追う女。そして恋に破れて、女友達に慰められる女。……と、このアルバムには、様々な女性の現実が歌われています。お洒落にスイスイと都会を泳ぎ渡る女性を歌うイメージが強いユーミンの歌ですが、水面下で女性達は、必死に手足を動かしているのです。

このアルバムのジャケットはユーミンが泳ぐ姿の写真であると先に述べましたが、この写真は「さっそうとクロール」という感じではなく、どうやら平泳ぎの途中を切り取ったワンカット。一瞬、溺れているようにも見えます。

それは、意図的なものなのだと、私は思います。女が一人で生きていくという航海は、いつもさっそうとしているわけでなく、時に溺れかけ、時にジタバタもがくもの……ということを、このジャケットは示しているのではないでしょうか。

都会でジタバタもがく女達を描く曲に混じることによって、このアルバムを落ち着かせているのは、時空を旅するかのような歌なのでした。たとえば「不思議な体験」は、タイトル通りの歌。

「少しだけ真面目にきいて
　たった今　帰って来たわ」
と始まるこの歌。彼女はどこから帰ってきたのかといえば、
「行く先も日付もいらず
　なぜかしら淋しくもない」
そして、
「言葉ではなくて　形ではなくて
　地平線に輝いてたオーロラに吸い込まれてた」
という、ほとんど臨死体験のような世界から。惚れた腫れたの世界とは、次元が異なります。

そして最後を飾る歌は、あの「時をかける少女」なのでした。この「少女」は恋をしていますが、
「時をかける少女　愛は輝く舟
　過去も未来も星座も越えるから
　抱きとめて」
と、恋愛感情の高まりによって、彼女は時空を超越するのです。

ジタバタもがく恋愛と、崇高(すうこう)さを漂わせる恋愛。色合いが全く異なる両者の混在が、このアルバムにコントラストをもたらします。とっつきやすい「ガールフレンズ」から入った我々は、「時をかける少女」によって恋愛の気高さに触れ、良い気分でアルバムを聴き終わるのです。その時間はまるで、何度恋愛に失敗し、恋愛の現実面を嫌というほど見ても、「でも最後には真実の恋が見つかるはず」と夢を抱きながら都会を生きる女性達の、心象風景を見ているよう。

ちなみにその「真実の恋」とは、「私だけを愛してくれる人がむこうから私を見つけてプロポーズしてくれる」というもの。しかしそのような事態は滅多におこらず、また、こと結婚に関して言えば、崇高さでどうにかなるわけではないのが、現実というもの。恋愛に対する純度の高い期待を下手に持ち続けることによって縁遠くなった数多の女性達のことも、このアルバムは思い出させるのです。

13　恋愛格差と上から目線

NO SIDE

1　SALAAM MOUSSON SALAAM AFRIQUE
2　ノーサイド
3　DOWNTOWN BOY
4　BLIZZARD
5　一緒に暮らそう
6　破れた恋の繕(なお)し方教えます
7　午前4時の電話
8　木枯らしのダイアリー
9　SHANGRILAをめざせ
10　～ノーサイド・夏～空耳のホイッスル

（1984年12月1日発売）

1984年

「ロス疑惑」騒動および「かい人21面相」事件が起きる。ベストセラーとなった渡辺和博とタラコプロダクション『金魂巻』より、マル金・マルビが流行語に。写真週刊誌の元祖「FOCUS」が200万部突破、「FRIDAY」も創刊される。

「誰」の彼女かで決まるヒエラルキー

一九八〇年代前半、ラグビーブームというものがありました。今となっては、数あるスポーツの中の一つという感じですが、当時は確かに、ラグビーというと「格好いい!」という存在だったのです。

Jリーグも存在しなかったその当時、人気スポーツといえば、まずは野球でした。プロ野球も甲子園も、不動の人気を誇っていたものです。

そんな中でラグビーが人気となったのは、ラグビーが持つ、野球には無いお洒落感のせいだと思います。イギリス発祥のスポーツということで、ヨーロッパっぽさとちょっと知的な感じ、そしてお坊ちゃんぽいイメージが、ラグビーにはありました。

対して野球は、アメリカ発祥とはいうものの、我が国において独自の進化を遂げたせいで、欧米っぽさとは正反対の国粋感を漂わせるスポーツ。プロ野球選手の、パンチパーマにディマジオとかの服にセカンドバッグといった私服は、「知的」とか「センスいい」とかは言い難いものでした。甲子園球児にしても、その熱い勝負に感動はしても、野球帽をとると全員五分刈りで、軍隊を思わせる厳しいトレーニングに耐え忍ぶイメージだったものです。

そこへ行くとラグビー選手は、高校生でも髪の毛がはえていましたし、社会人選手も決してパンチパーマをあてていなかったのです。当時の日本代表には、平尾誠二選手のような希代のイケメンもいたし、ジャージなどもお洒落。

つまりラグビーは、山の手ウケするスポーツだったのです。同じように男臭いスポーツであっても、野球が下町・ヤンキー系に親和性が高いとしたら、ラグビーは山の手のお嬢さんも、「いいわね」と思うことができた。

一九八四年に発売されたアルバム「NO SIDE」における、アルバムタイトルにもなった「ノーサイド」は、だからこそできた曲なのだと思います。ユーミンの曲の中には「まぶしい草野球」という、野球モチーフのものもありますが、あれはあくまで「草野球」。助手席ソングの一つではあるものの、もしも主人公を「プロ野球選手の彼女」にしたなら、ユーミンの歌らしからぬコテコテ感が滲むことでしょう。

対して八〇年代前半におけるラグビーの存在感は、ユーミンの歌とぴったりとマッチしたのです。アルバム「NO SIDE」の金色のジャケットを見た十八歳の私は、今で言うなら「キタ――――!!!」と、心の中で雄叫(おたけ)びをあげたことでした。

それというのも、当時の私にとって最も憧れるシチュエーションは、「ラグビー部の男子の彼女になって試合を応援に行く」というものだったから。魔法瓶（当時）に入れた温かい紅茶とブランケットを持って、秩父宮とかに行って彼がトライを決めるのを見つめる。……って、これぞ女子高生冥利に尽きることでしょうよ、と思っていたので、渡りに船とばかりに、「ノーサイド」を聞いては妄想を膨らませることとなったのです。

草野球やドライブ時のみならず、ユーミンはスキー、サーフィンなど、様々なレジャーのシチュエーションにおける助手席ソングを書いてきましたが、「ノーサイド」は、数ある助手席ソングの中でも出色の存在感を持っています。主人公は、ラグビー選手の彼を持つ女の子という、まさに私の妄想が結実した姿。そしておそらく、当時どんどんアルバム売り上げを伸ばしていたユーミンを聞いていたような女性達、すなわちレジャーとしての恋愛がしたくてたまらない女性達は皆、「ラグビー選手の彼女」というシチュエーションに憧れたのではないか。

自分が「誰」の彼女かという問題は、当時の女性にとって大きいものでした。女子大生であれば、へら鮒釣り研究会とか奇術研究会の彼を持つよりも、体育会のクラブに所属する彼を持つ方が、ヒエラルキー的には上。そして体育会の中でも、バドミントン部とか少林寺拳法部より、ラグビー部とかアメフト部の方が上。そしてラグビー部の中でも、目立つポジションで活躍する選手の彼女の方が、レギュラーに選ばれない選手の彼女よりずっと偉い。……と、そんな序列があった。

折しもこの時代は、二谷友里恵が人気を博するなど、「お嬢様」人気が高まりました。そして「お嬢様」のボーイフレンドとしてふさわしかったのは、やはり野球部の彼でもへら鮒釣り研究会の彼でもなく、ラグビー部の彼だったのです。

大学時代、私の友人の美人達は、そんなメジャー系体育会のメジャー系選手達の彼女軍団を形成していたものです。彼女達は、言うならばチュウツマ（駐在員の妻）業界におけるヒエラルキートップの、大使館員の妻達的な存在感を誇っていました。自分がどうあるかよりも、「自分の男」がどうあるかによって女性の地位が決まる世界は、女子大生の中にも確実に存在したのです。

「ノーサイド」において、主人公の女の子は、恋人にとって最後の試合を見に来ています。どうやら彼は、ゴールキックを蹴る役割を担う人なのであり、試合は「このキックを外(はず)せば負け」という状況。ということは、主人公のボーイフレンドは、ラグビー部の中でもメジャーな選手であり、その彼女もまた、彼女軍団の主要構成員であることが理解できます。

しかし、

「長いリーグ戦　しめくくるキックは　ゴールをそれた」

のです。彼は最後の試合、「自分のせいで負けた」という気持ちを抱きつつノーサイド、となる。

最後のゴールが外れたからこそ、「ノーサイド」は歌として成立します。ゴールが決まって、やった勝ったぞよくやった、というのでは「おめでとう」で話は終わる。勝利は、軍歌以外の歌のモチーフにはなり得ません。

「人々がみんな立ち去っても私　ここにいるわ」

と、「失意の彼を待っているのは私だけ」という状況における彼女の銃後感は、きっと彼がゴールを決めた時よりもたかぶっているのだと思う。

この歌には、

「同じゼッケン　誰かがつけて
また次のシーズンを　かけてゆく」

という歌詞があります。

「何をゴールに決めて
何を犠牲にしたの　誰も知らず」

などと陶酔しながらも、主人公は妙に醒めたところも持っていて、つまり「ラグビーにおいて彼の代替となる人はいくらでもいる。年をとったらこの輝きは消えるのだ」ということを理解しているのです。

アイドルであろうとスポーツ選手であろうと、期間限定の輝きほど、せつなく眩しい。それを知った上で彼女は、

「人々がみんなあなたを忘れても　ここにいるわ」

と思っているのでした。「私だけがあなたを待っている」って、何て気持ち良さそう……と、十八の私はよだれをたらしたものです。

敗北は、勝利よりも圧倒的にドラマティックであることを、この歌は示します。そして私達は、敗北が抱くドラマ性をも貪欲（どんよく）に咀嚼し、消費したのです。私達は、「ラグビー選手の彼女」という架空のシチュエーションを、そして架空の敗北を、レジャーとして楽しみました。

ラグビー選手の彼女という設定は、多くの女性にとって架空のものではありましたが、しかし似たような立場には誰しも立ったことがあるのです。ラグビーでなくとも、何かスポーツをしている男性と付き合ったことがある女性は、彼を応援した自分を、この歌と重ね合わせたでしょう。サラリーマンの彼であっても、彼が営業成績を伸ばす戦いに挑んでいるのであれば、自分を投影することができたはず。

珍味を求めた恋の終わり

このアルバムにおいて「ノーサイド」の次に入っている曲「DOWNTOWN BOY」もまた、秀逸なシチュエーションソングです。この歌は、ビリー・ジョエルのヒット曲「Uptown Girl」に対するオマージュのような存在。山の手のお嬢様と下町の男の子の交際が、歌のモチーフです。

今で言うなら、この交際は「格差恋愛」なのです。

「きたないシャツ着たやつだと
兄貴は電話さえ取り次がないの」

と、山の手ファミリーは思いきりブルーカラー差別をしているため、

「家族に会うのはいやだと
あの日も近所で私を降ろした
ついてはゆけない私は
ミラーに泣きながら小さくなった」

となり、二人の恋はその格差ゆえに壊れてしまうのです。

この時代の女性の多くは、結婚による階級上昇を望んでいました。つまり、結婚することによって、今よりも上の生活レベルを手に入れようとしたのであり、それが「三高」と

いったのです。

しかし、恵まれた階級に属している主人公の女性は、経済的充足感を既に得ているため、交際相手の経済状況に対してガツガツしていません。それよりも、

「あんなにナイーブなひとには
それまで会ったことなかった私」

「工場裏の夕陽の空地
二人は愛を誓い合った」

と、下町というエキゾチシズムに心を摑まれたのです。

言うならばダウンタウンボーイは、彼女にとっての〝珍味〟でした。彼女はそれまでに、それこそラグビー部のスター選手とも付き合ったはず。しかしこれは好奇心旺盛なお嬢様にありがちなことなのですが、ふとした瞬間に、「勝気な瞳のDown Town Boy」という、今まで知らなかった味わいに「これは珍しい!」と食指が動いたのです。

女が上で男が下というカップルは、男爵夫人と森番の恋を描いた『チャタレイ夫人の恋人』をはじめとして、ドラマティックなものです。経済状況であれ年齢であれ、通常は「男が上」とされている部分で女が上であるが故に摩擦が生まれ、摩擦があるが故に興奮は高まる。

「DOWNTOWN BOY」でもそれは踏襲されています。山の手お嬢様である彼女は、「工場裏の夕陽の空地」などという野蛮な場所で逢引をしたことによって、気持ちがおおいに盛り上がりました。しかし「自分の方が彼より上」という意識はずっと持っているのであり、恋が壊れる前は、

「気まずいことがおこっても
私をあきらめないでね」

と、そして恋崩壊の後は、

「どこかで恋をしてるなら
今度はあきらめないでね」

と、当然のように上から目線。

この恋が終わった後、彼女はきっと、ラグビー選手的なボーイフレンドを新たに作ったことでしょう。「珍味もたまにはいいけれど、やっぱり白いごはんが安心するわねー」と言うように。そしてダウンタウンボーイの方もまた、本来の自分に還ってダウンタウンガールと付き合ったに違いないのです。

違う文化圏に属する男女が出会って交際したものの、異文化交流がうまくいかずに破綻したした、ということの歌。そしてこのような経験は、誰しもがしているのではないでしょう

か。違う地方や違う国出身の人、はたまた全く違う趣味の人と付き合って、最初は「違い」そのものと「違いを乗り越えている自分達」とに酔っていたのに、次第に「やっぱり駄目だ……」となる、その体験をした全ての人々に、この歌は訴えかける。

「ノーサイド」と「DOWNTOWN BOY」の二曲は、このように誰もが自分をあてはめることができるシチュエーションソングなのでした。「ラグビー選手の彼を応援する彼女」とか「下町の彼と付き合う山の手お嬢様」とか、これらの曲が表現するのは極めて限られたシチュエーションでありながら、実は汎用性が高い。数あるユーミンのシチュエーションソングの中でも、この二曲はシチュエーションの切り取り方の鮮やかさと、対する汎用性の広さとのギャップが際立っています。「夢をあきらめないで」とか「君と出会った奇跡」といった、誰にでもどうとでもあてはめられる今時の歌詞と比較すると、「時代が書かせたもの」では終わらない高等テクニックがそこにあると言えはしまいか。

この二曲がさらに示すのは、「物事には終わりがある」という、時の有限性です。青春には終わりがくる。刺激的な恋愛も、やがては終わる、と。

もちろんこれも古典的なテーマではあるものの、ユーミンがデビュー当時から抱き続け、「REINCARNATION」の辺りからさらに色濃くなっているのは、「永遠」への挑戦姿勢。一方で永遠を歌いながらも、もう一方で青春の無常観を歌うが故に、両者ともが際立つのです。

このアルバムの最後の曲は、「～ノーサイド・夏～空耳のホイッスル」。「ノーサイド」のアンサーソング的な存在でしょう。

この歌において、真夏の高原でのつらい合宿を思わせる歌詞の後に続くのは、

「いつの日か老人は佇む
遠い日の仲間の呼ぶ声と
空耳のあのホイッスル」

という歌詞。夏のグラウンドで楕円(だえん)のボールを追っていた少年はやがて、老人になってしまうのです。

「GLORIA GLORIA」

という言葉も入り、宗教曲のように荘厳なこの歌のテーマは、「終末」なのだと私は思う。期間限定の輝きへの礼讃と、やがて来る終末。一枚のアルバムの中で両者を同時に見せる「NO SIDE」は、そういえばタイトル自体の意味も「おしまい」ということ。

それはとてつもなく明るく、そして恐ろしいほどの暗さを持つ、アルバムなのです。

14　負け犬の源流

DA・DI・DA

1　もう愛は始まらない
2　２人のストリート
3　BABYLON
4　SUGAR TOWNはさよならの町
5　メトロポリスの片隅で
6　月夜のロケット花火
7　シンデレラ・エクスプレス
8　青春のリグレット
9　たとえあなたが去って行っても

（1985年11月30日発売）

1985年

日航ジャンボ機が群馬県御巣鷹山に墜落、死者520名の大事故となる。フジテレビ「夕やけニャンニャン」で女子高生ブームに。松田聖子が郷ひろみと破局後、神田正輝と結婚。宅配ピザ第１号店「ドミノ・ピザ」が東京・恵比寿にオープン。

「女の軍歌」アルバム

男女雇用機会均等法（以下、雇均法）が制定されたのは、一九八五年のことでした。この法律が制定された時、私は「これから男女は平等になるのだなぁ」と思ったことを覚えています。当時の私は大学一年生で、さほどの男女差別にさらされることもなかったのですが、雇均法によってとても良い世の中になるという世間のムードに、単純に「そうなんだ」と思ったのです。自分が就職する頃には、男性と同じようにバリバリ働くことになるのだろう、と。

そんなわけで私は、雇均法四年目に、総合職として就職した者。私前後の世代、すなわち雇均法制定直後に就職した女性達を、世の中では雇均法世代と言っており、それはほぼバブル世代とも重なります。雇均法制定のあたりから、世の中はどんどん浮かれていき、景気は良くなっていったのです。

ユーミン十七枚目のアルバム「ＤＡ・ＤＩ・ＤＡ」が、雇均法制定と同じ一九八五年に発売されたのは、おそらく偶然なのだとは思います。が、今改めて聴いてみると、このアルバムからは非常に強い「女の自立」臭が漂ってくるのであり、偶然にしては出来過ぎな感覚を抱くのです。ユーミンの時流をキャッチする能力の並外れた鋭さは、このアルバムにも遺憾なく発揮されています。

「ＤＡ・ＤＩ・ＤＡ」の中の曲というと、ＪＲ東海のコマーシャルに使用された「シンデレラ・エクスプレス」が有名です。離れて暮らす恋人同士が週末に逢瀬を楽しみ、しかし最終列車の時間が来ればまた、離ればなれにならなくてはいけない。……というせつなさを歌ったこの曲。

「ため息ついてドアが閉まる
何も云わなくていい　力を下さい
距離に負けぬよう」

といった歌詞を聴いていると、「○○に負けない」という、今時のヒットソングに多用される言い方は、この歌が嚆矢(こうし)であったように思えてきます。あ、雨にも風にも、夏の暑さにも負けない、宮沢賢治という偉大な先人も、いましたが。

この歌は、「待つ女」を歌っています。おそらくこのカップルは、東京出身。大学の同級生か何かでしょう。就職後、彼が転勤となって遠距離恋愛状態になってしまい、彼女が住む東京に、彼は週末だけやってくるのです。

彼女は、週末にやってくる彼のことを、東京で待っています。同時に、

「結婚しよう。一緒に暮らそう」

というプロポーズをも、待っている。

童話の中のシンデレラもまた、待つ女でした。継母(ままはは)や姉達にいじめられながら、家政婦のような生活をしていたわけですが、その状況を自分でどうにかしようともがいたわけではない。ネズミなどに同情されて舞踏会に行けることとなり、そこで王子様に見初(みそ)められたことにより、王子様が現状を打破してくれるのです。

そんなわけで「シンデレラ・ストーリー」というと、「現状打破のための行動を自分から起こしはしないけれど、持って生まれた美点を他者が発見してくれることによって、身の丈(たけ)以上の幸せを得る」という女性の生きざまを指すこととなったのでした。

「シンデレラ・エクスプレス」の主人公も、離ればなれでいるのは寂しいのだけれど、自分から彼がいる地まで会いに行ったり、「もう耐えられない。結婚しましょう」と言い出したりはしません。

「シンデレラ　今　魔法が
消えるように列車出てくけど
ガラスの靴　片方　彼が持っているの」

と、彼がガラスの靴を持ってきてくれること、すなわちプロポーズを待っているのです。ここで歌われているのは、典型的な昔ながらの〝待つ女〟。

しかし「シンデレラ・エクスプレス」的な女性は、実はこのアルバムにおける隠れ蓑。「DA・DI・DA」で強く打ち出されているのは、シンデレラのような待つ女とは正反対の女性像です。

よく聴いてみますと、最初の「もう愛は始まらない」にしても最後の「たとえあなたが去って行っても」にしても、男からの解放や自立を勇ましく宣言するような、それらはいわば「女の軍歌」。ユーミンの歌の中には、男性との対決姿勢を猛々しく歌い上げる、「軍歌」系の一群があるわけですが、このアルバムは特に、その手の軍事色が色濃いのです。

男と別れると仕事を拠り所に

一曲目の「もう愛は始まらない」は、別れの歌です。が、しんみり別れるわけでも、悲しく別れるわけでもない。「見つめないで」「騙されない」「さわらないで」といった強い口調で断定的に別れが宣言されており、別れた後の展開は決して期待できないであろう、カットアウト的な恋の終わりの歌なのです。

「Dadida Dadida……」

というこの歌のコーラスがアルバムのタイトルとなったわけですが、多用される濁音の強さが、このアルバム全体の印象を象徴するようです。

アルバムの中ほどに入っているのが、「メトロポリスの片隅で」。この歌と、最後に入っている「たとえあなたが去って行っても」は、この時代を生きる女性達に大きな影響を与え、かつ女性をとりまく世の中全体が変っていくきっかけともなった歌ではないかと、私は思っております。

「メトロポリスの片隅で」もまた、別れの曲です。それも、「もう愛は始まらない」と同様、余韻が残らないカットアウト的な別れの歌。「もう愛は始まらない」の女性が、怒りながらカットアウトしているとしたら、「メトロポリスの片隅で」の女性は、カットアウトしながらせいせいしている感じか。

「さようなら　あのひと
ふりきるように駆けた階段
ひといきれのみ込む通勤電車
涙ぐむまもなく」

という歌い出しからもわかるように、主人公は働く女性です。彼女は朝っぱらから別れ話を切り出して、ろくに相手の言い分も聞かずに通勤電車に飛び乗っています。そうしないと、会社に遅れてしまうからです。彼女は仕事にも恋愛と同等の生き甲斐を感じており、別れ話を長引かせて遅刻などしたくないのでしょう。

続くのは、

「ごらん、そびえるビルの群れ
悲しくなんかないわ」

ということで、彼女は電車で都心へと向かっています。もちろん、恋人と別れることは本当は悲しいのです。しかし彼女は、未練の言葉も吐かず、友情だの他の男性だのに寄りかかるわけでもなく、「そびえるビルの群れ」を見ることによって自分を奮い立たせることができる。つまり、仕事を恋愛に代わる拠り所とすることができる人。

サビは、とても爽やかな前向きのメロディーに乗せて、

「ときどき胸を刺す夏のかけら
きらめく思い出が痛いけど
私は夢見る　Single Girl」

というもの。そう、これは男に未練を持たない、潔い「Single Girl」を礼讃する歌であり、そんなSingle Girlへの応援歌。今までどれほど多くの女性が、男と別れた翌日にも会社に行って仕事をしなくてはいけないという時、この歌を聴くことによって自らを奮い立たせたことでしょうか。

そして私は、このアルバムが出た当時、男と別れる度に「メトロポリスの片隅で」を聴

いて「仕事をがんばろう！」という気になっていた若い女性達こそが、いわゆる負け犬の源流なのではないかと思っています。仕事という拠り所がなければ、独り(ひと)でいることの寂しさに負けて、彼女達はあっさり結婚したのではないか。

現在、女性の平均初婚年齢は二十九・二歳。東京都に限って言えば、三十・三歳と、とうとう三十歳を超えました。

過去を見てみると、一九五〇年の時点では、女性の平均初婚年齢は二十三歳だったのです。それがジリジリと上がって、一九五七年で二十四歳台に突入。二十四歳台時代が、二十年ほど続きます。そして一九七七年に二十五歳台に突入し、二十五歳台時代は、一九九一年までの十五年ほど続くのでした。

その後、平均初婚年齢が上昇するスピードは、ぐんと速くなります。二十六歳台時代は八年しか続かずに二十七歳台時代に突入しましたし、二十七歳台時代に至っては五年しか続かず、二十八歳台時代に至る……。

女性の平均初婚年齢が二十五歳台だった最後の年である一九九一年は、バブルの只中の年であり、そして若い雇均法世代の女性達が世に出て来た年でした。彼女達はその青春時代に「メトロポリスの片隅で」を聴いて、「そうよそうよ。人生、男だけじゃないわ。仕事があるじゃないの！」と思った経験を持つような気がします。キャリア志向の負け犬達は、こうして産声(うぶごえ)をあげたのではないか。

晩婚化を促進

アルバム最後の曲「たとえあなたが去って行っても」は、さらに激しい曲調の、女の軍歌となっています。これもまた別れの曲なのであり、歌い出しは、

「捨てられなかった最後の手紙
4月の空に窓を開いて吹雪にした」

というもの。一瞬、普通の別れの歌に聞こえます。が、次の瞬間、歌は急激に勇ましくなるのでした。ちなみにカッコ内はコーラスなのですが、

「(時を) みんな
(進む) Lonely Soldiers
(そして) 私
(道を) 曲げなかった
たとえあなたが去って行っても」

と続くのです。

つまりこの女性は、男性から「俺に従うか、もしくは別れるか」という二者択一を提示され、結果として「自分を曲げてあなたに従うくらいなら、別れる」という道を選んだのです。そんな自分は、誰もがそうであるように「Lonely Soldiers」の一人なのだと自覚している。ソルジャーって……、やっぱりこれは軍歌だった。

さらに続くのは、

「幸せかどうかわからないけど
自分から溢れるものを生きてみるわ今は」

という歌詞。嗚呼、こんな歌詞にも、世の中で晩婚化が急速に進んでいった原因を見る私。国民皆結婚時代だった頃、女性にとって結婚は、「するしかないからするもの」でした。生活のために結婚することが、当たり前の幸せだったのです。

しかしこの歌の主人公である女性は、そんな当たり前の幸せを捨て去りました。それよりも、「自分から溢れるもの」に蓋をせずに生きるのだ、と。自分を曲げて男性に従うことによって得られる陳腐な幸せよりも、「幸せかどうかわからない」けれど、ありのままの自分を尊重する。そうそう、そうやって女性達は「自分に嘘をつかない」系の道に足を踏み入れて、次第に結婚から遠ざかっていったのだっけ……。

この歌を聴いて励まされた人は、たくさんいることと思います。どうして男に唯々諾々と従わなくてはならないのか。私達はもっと「自分」を大切にしてもいいのだ、と。勇壮に響くトランペットは、そんな女性達の気持ちを鼓舞したことでしょう。しかし、アルバム発売から四半世紀以上たってから聴く私の耳には、そのトランペットの音色は、世の中の女性達が晩婚化への道を突き進むことを促進する伴奏のように聞こえるのです。

ちなみに、雇均法世代の女性はその後どうなったのかといいますと、社会においてはかなりの苦戦を強いられたのでした。会社の側は、男性並みに働かせてもいいという総合職の女性社員をどう扱っていいかわからず、おたおた。働き始めた女性達は、女を捨てて頑張らなくてはならず、心身ともにきつい状態に。「期待に応えて頑張らなくてはならない」というプレッシャーとストレスに耐えられず、早々と会社を辞めていった人も、多いのです。

私の場合は、三年で会社を辞めました。それは、プレッシャーとストレスに耐えかねてと言うよりは、あまりに無能すぎて、会社にいたたまれなくなったから。よく考えずに「格好よさそう」と総合職となってしまったが故の、早期退職と言えましょう。

私を含め、メトロポリスの片隅において、ユーミンの歌を聴いてテンションを上げていた女性は、たくさんいるはずです。彼女達は、たとえ男が去っていっても「私には私の道がある」とバリバリ働いたり自分の夢を追い求めていった結果、ユーミンが「幸せかどうかわからない」と書いた通り、次第に「これでいいのか」と思うようになったのでした。

「たとえあなたが去って行っても」には、

「(ずっと) 探す
(心の) Golden Treasure
(もっと) 遠く
(ひとり) 旅をする
そばにあなたがいないとしても」

という歌詞があります。この部分は、まさに「男よりも大切なもの」を探しに行った女性達の未来を暗示するかのよう。この歌を聴いて「そうなのよ!」と「Golden Treasure」を探しに旅立った結果、四十代となった今、「もしやGolden Treasureというのは、本当は結婚のことだったのではなかろうか?」と呆然と立ち尽くす人は少なくないのではないか。

もちろん、晩婚化の原因は、ユーミンの歌にだけあるものではありません。女性の高学歴化や社会進出、そして結婚を促進する外圧が無くなったことなど、様々な要素が絡まり合って、日本の晩婚化は進んだのです。

しかし、「DA・DI・DA」におさめられているような女の軍歌をユーミンが歌ったことによって、我々が気分よく独身のままでいられたという事実はあるのではないかと、私は思います。

独身の私は、今でも「メトロポリスの片隅で」や「たとえあなたが去って行っても」を聴くと、ついつい尚武(しょうぶ)の精神が湧いてきて「そうそう、もっと遠くへ一人で旅を……」など思ってしまうのですが、次の瞬間に我に返り、「あの頃とは年が違うことを思い出せ！」と、自らを諫(いさ)めるのでした。「DA・DI・DA」を初めて聴いた頃の自分はまだ十九かはたち。どんな遠くまで旅をしてもよかったであろうが、今はねぇ……。

ユーミンが、

「(もっと) 遠く
(ひとり) 旅をする」

と歌っていたその「遠く」に、私は既に立っているのでしょう。「すっかり遠くまで来たものよ」と、老兵は過去を見つめるのです。

15　1980年代の〝軽み〟

ALARM à la mode

1 Holiday in Acapulco
2 ジェラシーと云う名の悪夢
3 パジャマにレインコート
4 白い服、白い靴
5 土曜日は大キライ
6 ホライズンを追いかけて〜L'aventure au désert
7 Autumn Park
8 20 minutes
9 3-Dのクリスマスカード
10 さよならハリケーン

（1986年11月29日発売）

1986年

チェルノブイリ原子力発電所が爆発。「おタカさん」こと、社会党の土井たか子が日本初の女性党首となり、「やるっきゃない！」と就任の挨拶。チャールズ皇太子夫妻が来日、ダイアナ・フィーバーが最高潮に。岡田有希子が飛び降り自殺。

フジテレビとの好相性

「ALARM à la mode」の一曲目は、「Holiday in Acapulco」です。これはタイトル通り、ホリデイをアカプルコで過ごす、という歌。

世の中にはしばしば、

「荒井由実の歌は好きだったけれど、松任谷になってからはな……」

と言う大人がいますが、「Holiday in Acapulco」は、その手の人が好まないタイプの歌の典型かと思われます。同じく、このアルバムに入っている「土曜日は大キライ」も、「荒井好き」な人々にとっては、眉をひそめたくなるような歌でしょう。

荒井時代のユーミンは、青春のそして人生の気怠さを、湿り気がたっぷり湛えられた歌詞とメロディーで表現していました。対して松任谷時代となると、その歌から次第に、湿度が抜けていったのです。

湿り気たっぷりの情感から上手に湿度を抜いて、万人が食べやすく、そして一度食べると癖になるような、カリッとした歯ごたえを出す。その行為、および行為の結果として生まれた作品を「ポップ」と言うのだと思いますが、確かに松任谷時代となってから、ユーミンの曲の中にはポップなものが増えました。が、もちろん全ての歌がポップというわけではありません。一枚のアルバムの中には、荒井感の強い歌もあれば、松任谷感だけででてきているような歌も混じっています。異なる歯触りの歌を重層的に配置することによって、松任谷由実のアルバムにはミルフィーユのような食感が生まれました。

〝松任谷感〟のもう一つの特徴は、「額縁性」というものではないかと私は思います。ある情景を描いた絵と額縁とをユーミンが用意してくれて、その歌を聞くことによって、絵に描かれている人物に自分がなり代わることができる。松任谷になってからのユーミンは、皆に「私もあの中の人物になりたい」と思わせる素敵な額縁を提供することに、大きな力を発揮しました。

額縁性とは、演劇性と言ってもいいのでしょう。スキー場であれラグビー場であれ、ユーミンが設定した舞台に自分達も立っているような気持ちに、ファンはなることができたのです。

「H o l i d a y i n A c a p u l c o」は、メキシコのリゾート地であるアカプルコを切り取った、一幅(いっぷく)の絵のような歌です。幸せなカップルがアカプルコを旅しているのではあまりに陳腐な絵柄となってしまいますから、ここを歩くのは失恋直後の一人の女性。テキーラ、マリアッチ、ソンブレロといったメキシコっぽい単語によって、明るい日差しと鮮やかな色彩が目に浮かびます。

「青いダリアの髪飾り　hum hum
云い寄って来る男たち　hum hum
どんなに誉めたってその手にゃ乗らない」

ということで、主人公はセンチメンタル・ジャーニーの途中だというのに、早速男にモテている。

そのままではただの能天気な歌で終わってしまいますが、

「ドアのキイを回して　パタンと閉めた
散かった荷物と　ひとりの私」

という歌詞をはさむことによって、「陰」の要素も一匙(ひとさじ)。

もしも今の若者が、「恋にやぶれた後にアカプルコを一人で旅する女」の歌を聞いたなら、「は?」と思うはずです。今の若者は、ユーミンが得意とした「額縁性の提示」というものに、全く慣れていません。今の若者が歌の歌詞に求めるものは、心のしんどさに対して、対症療法的効果を持つ言葉。「心の傷を癒すためにアカプルコを旅する」といった非現実的なシチュエーションよりも、「あなたは悪くない。そのままでいいんだよ」と言ってもらいたいのです。

対してユーミン時代の若者は、たとえ自分が一生メキシコには行かないことが予想されたとしても、「アカプルコのプールサイドでモテている自分」を想像することができました。たぶん我々は「マリアッチ」や「ソンブレロ」がどういうものかを理解していなかったし、ネットで簡単に検索することもできなかったのだけれど、異国情緒あふれるその言葉を耳にしただけで、メキシコにあふれる色彩は想像できたのです。情報が少ない方が、人間の妄想力は発達するのかもしれません。

「土曜日は大キライ」は、アカプルコよりもさらに妄想が容易な額縁ソングです。この歌は、「オレたちひょうきん族」のエンディング・テーマとして使用されたのであり、大ヒットしていたその番組の存在感との相乗効果で、ますますのポップ感が生まれました。

「オレたちひょうきん族」は、ドリフの「8時だョ！全員集合」の人気を奪うようにして登場したお笑い番組で、フジテレビの軽チャー路線の旗印と言っていい存在でした。荒井由実の歌であったら、ひょうきん族のテーマソングとして決してマッチしなかったわけですが、松任谷由実の歌が持つ軽みは、八〇年代のフジテレビの軽みと非常に相性がよかったのです。

ひょうきん族を土曜の夜に見ている人達は、

「あっ　そこの店はダメ　今日あたり
前の彼が来るわ」

とか、

「踊るライト　土曜日は大キライ
次の恋を予感させるから」

といった「土曜日は大キライ」のきらびやかな歌詞の世界とは違って、土曜日の夜に家でテレビを見ているわけです。が、この歌を聞くことによって、私達は「土曜の夜にひょうきん族を見る」という行為が、とてもキラキラしたものに感じられました。

アカプルコだの、「土曜日は大キライ」の舞台と思われる夜の六本木だの。このアルバムに歌われる女性達は、とても腰が軽いのです。そしてこのアルバムにおいてもう一つ感じることができる軽みとは、女性達の尻の軽さ。

「土曜日は大キライ」においても、前の彼云々ということが歌われていますが、ユーミンは膨大な数の「元彼ソング」をつくっています。元彼達の存在によって、ラブソングには様々な陰翳(いんえい)をつけることができるのです。

モテ意地の発達

統計があるわけではありませんが、ユーミンが結婚した辺りから、日本では「処女のまま結婚する」という女性は激減していったのではないかと、私は思っています。

ユーミンの結婚は、一九七六年の十一月。その前年には雑誌「ＪＪ」が創刊され、一九七八年には月刊化。その四年後には、他社から「ＣａｎＣａｍ」も創刊されています。「ＪＪ」「ＣａｎＣａｍ」は、コンサバ女子大生系雑誌とくくられるわけですが、コンサバファッションに身を包む女子大生達は、性行動の面では決してコンサバではありませんでした。彼女達はコンサバティブな生き方をしたいと思ってその服を着ていたのではなく、それが男にモテるから、コンサバファッションをまとっていたのです。

彼女達が求めていた「モテ」は、「ただ一人だけの運命の人に出会えればいい」というモテではありません。それは、「なるべく多くの人にモテてちやほやされたい」という、量重視のモテだった。この時代から、女性達の食い意地ならぬモテ意地は、ぐんと発達していったのです。

男性からモテた結果として、彼女達は躊躇なくセックスをしました。結婚相手が初めてのセックスの相手というわけではなくなってきたのです。

松任谷姓となったユーミンの絶大な人気を支えたのは、そんな結婚前に性行為を行うことを、そして性行為を行った相手と結婚しないことを全く躊躇しない「ＪＪ」「ＣａｎＣａｍ」の読者達と、そのボーイフレンド達です。彼女達はユーミンが提供する額縁に自らの顔をはめ込み、失恋したらユーミンの軍歌によって自らをふるいたたせ（「ＡＬＡＲＭ à la mode」における「ホライズンを追いかけて〜L'aventure au désert」もまた、ユーミン軍歌の一つ）、傷が癒えたならば元彼ソングによってじんわりと過去を反芻して、昔の恋を思い出していたのです。

このアルバムに入っている「白い服、白い靴」もまた、元彼ソングの一つ。

「地下鉄で肩をたたかれた
すっかり見違えてしまったあなた」

ということで、この歌の主人公は、地下鉄の中で元彼にばったり会うのです。そして、

「今はもう大切な人がいるのと
云えなかったの
楽しかったの
来週会うこと約束したの　あなたと　hu hu」

と、元彼と来週デートする約束をしてしまう。

彼女には既に、「大切な人」がいるのです。それは恋人かもしれないし、配偶者かもしれない。しかし彼女は、

「先に降りるのがつまらなかった」

ということで、「hu hu」などと楽しげにデートの約束をする。

一昔前ならば、これは不貞行為となります。が、この時代には既にその手の罪悪感は無く、ファン達は、「わかるわかる」と、この歌を聞いていたのです。

とはいえこの歌、主人公がデート前日、

「さあ　明日は何を着てゆこう
ゆうべ何度も鏡に向った
白い服　白いロウヒール
結構　似合うと思って決めた」

と、うきうきしながら洋服を決めたというのに、当日はひどい雨降り。その雨に気勢を削がれて、

「何も云えずに
服をたたんだ
予定ができたと電話を切った　雨降り
雨降り　hu hu」

と、約束をキャンセルしてしまうのです。

結果的に、「だから悪いことはできませんね」という意味もありそうなこの歌ですが、しかしこの結末は、歌としての美しさを求めた結果でしょう。

この歌の陰には、たくさんの、「元彼と焼けぼっくいに……」という女性達がいたことが考えられます。それはつまり、元彼との久しぶりのデートの日に、雨が降らなかった人達。

もしも元彼とのデートが決行されたなら、二人は再び燃え上がったことでしょう。元彼は、彼女が初めてセックスをした相手かもしれません。白い服と白い靴で、言外に「今も私は清い」というアピールをする元彼女に、元彼はグッときたに違いないのです。そしてグッときた結果として、元彼と元彼女は事に至ってしまう。

さらに先を想像してみるならば、「焼けぼっくいに火」状態となった元彼と元彼女は、やっぱりうまくいかないことでしょう。心に一抹の罪悪感を抱えながら「大切な人」の元に戻って行く心情というのもまた、ユーミンの歌になりそうな情景ではあるまいか。

額縁ソングによる自慰行為

このアルバムが出た一九八六年当時に若者だった女性達は、今も「白い服、白い靴」のようなことを繰り返しています。中年というのは、「昔を懐かしむ」という行為がやたらと楽しいお年頃。それに加えてフェイスブック等によって、偶然の再会に頼らずとも、昔の交際相手の消息を容易に摑めるようになりました。全く劇的とはいえない状況で、元彼と再会できるようになったのです。そして再会の先には、あんなことやこんなこと。ユーミンチルドレン達の「軽み」は、大人になったからといって消えるものではありません。

このように今、普通の人が世界の果てのことも裏社会の事情も知るようになり、また探偵のような行為も簡単にできるようになった結果、世の中から劇場性は失われました。華やかな舞台の上や額縁の中だけを見てうっとりする人は減って、皆が舞台や額縁の裏側まで覗き込むようになり、「劇」的なことは起こらなくなった。

「3-Dのクリスマスカード」という作品は、このアルバムが出た時代は、まさに額縁性が生き生きとしていたことをわかりやすく示す歌です。主人公は、雪景色が3-D、すなわち立体的に飛び出して見えるようなクリスマスカードを彼からもらい、その絵の中に入って行くのです。

「もしも雪の国が
私のふるさとだったらいいな　どうしても」

ということで、彼女の故郷は雪国でなくおそらく都会なのだけれど、「もしも雪国で生まれていたら」という妄想を始めるのです。

「そして丘の上の
レンガ造りの家ならばいいな

煙突が高ければいいな」

と、主人公はうっとり。

二番の歌詞では、妄想はさらに膨らみます。

「もしも雪の国に
あなたと帰ってゆけたらいいな　二人して
そしてドアを開けて
両親に会ってくれたらいいな
ほほえんでテーブルについて
プレゼントをほどく」

と、結婚絡みの夢がそこには広がっている。

彼女が「私のふるさとだったらいいな」と考える「雪の国」は、おそらく津軽や越後ではないことでしょう。囲炉裏に茅葺きの「雪国」ではなく、それはヨーロッパやアメリカ東海岸的な、暖炉にレンガの「雪の国」。

この歌の主人公は、自分が妄想に浸っていることを自覚しています。雪の国のふるさと、そして彼と一緒に雪を踏みながら実家に帰るという姿を思い浮かべることは、引いて見るならば劇中劇のようなもの。

妄想はまた、自慰行為のように習慣性を持つのです。素敵な舞台の主役として自分が立つ妄想をいくらしても、誰にも迷惑をかけないわけで、それは手軽にできる「気持ちいいこと」。数あるユーミンの額縁ソングは全て、ファンの女性達にとっては、「もしもこんなシチュエーションでこんなことをしちゃったら……、ああ素敵！」と思うための、自慰用ソングだったのです。

しかし妄想という名の自慰行為に浸りすぎると、現実世界に幻滅しやすいのでした。腰も軽いし尻も軽いという世代が、実は日本の晩婚化の道をつけていった世代でもあることを考えると、それは妄想のしすぎが原因だったのかもしれず、現在の少子化にもユーミンの影響は少なからずあるのではないかと、私は秘かに思っているのです。

16　結婚という最終目的

ダイアモンドダストが消えぬまに

1　月曜日のロボット
2　ダイアモンドダストが消えぬまに
3　思い出に間にあいたくて
4　SWEET DREAMS
5　TUXEDO RAIN
6　SATURDAY NIGHT ZOMBIES
7　続 ガールフレンズ
8　ダイアモンドの街角
9　LATE SUMMER LAKE
10 霧雨で見えない

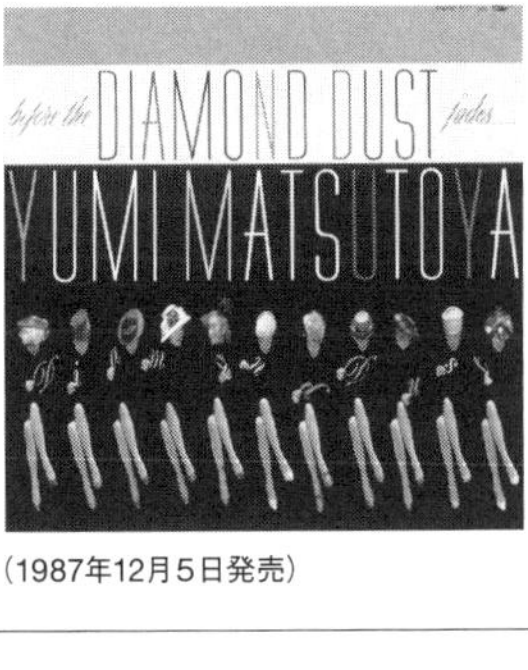

(1987年12月5日発売)

1987年

国鉄が115年の歴史に終止符、JRグループが誕生した。安田火災海上がゴッホ「ひまわり」を約53億円で落札。『ノルウェイの森』がベストセラーになる。ニューヨーク株式市場の株価が大暴落し、「ブラックマンデー」で世界中が大混乱。

バブル崩壊を予言する歌

三十年以上続いている、ユーミンの苗場プリンスホテルにおける冬のコンサート。私が初めてそこに行ったのは、前述の通り二〇一二年のことでした。ポロシャツの襟を立てたりしている中年客達にシンパシイを感じつつ、苗場という土地、そしてプリンスホテルという場所への甘くも痛い想い出に浸り、コンサートを楽しんだのです。

最後、最も盛り上がる時に流れてきたのは、「ダイアモンドダストが消えぬまに」のイントロです。歌のタイトルの通り、キラキラとした光が見えるかのようなイントロを久しぶりに耳にして、私の脳裏には、あの時代のことが一気にフラッシュバック。あの時代とはそう、他でもない「バブルの時代」です。

バブルの時代とは、一九八〇年代の後半から九〇年代前半にかけて、後年バブル景気と言われた好景気に日本が覆われていた数年を指します。そして私は、大学時代から社会人三年目くらいまでをバブル時代の只中で過ごした、いわゆるバブル世代。好景気であったために、後年から考えると就職活動もラクなもので、大学四年の夏までどっぷりと体育会活動に費やしていた私ですら、何となく大手企業の内定をもらえました。

「ダイアモンドダストが消えぬまに」の時、コンサートの会場内にはミラーボールの光がくるくる回っていました。ミラーボールが放つ光のつぶつぶは、まるで泡のよう。泡はやがて、はじける。しかしはじけるからこそ泡は美しい。……バブル崩壊から二十年が経って、私はその頃の想い出がフラッシュバックしてきて、目頭が熱くなりました。

この曲が入ったアルバム「ダイアモンドダストが消えぬまに」は、一九八七年の発売です。アルバムタイトルとなった曲の華やかな前奏は、さながらバブルの時代の開幕を告げるよう。

しかしバブルの頃、私達日本人は、「今、私達はバブル景気の只中にいる」ということを知りませんでした。それもそのはず、「今、日本は景気が良い」とはわかっていたけれど、それが一九九〇年代前半に崩壊することを、私達はまだ知らなかったのです。

その時の好景気は、はじけた時に初めて、「バブル景気」と命名されました。日本がそのまま成長を続けていったなら、その時代は「バブルの時代」とはならなかったのです。ですから八〇年代後半に六本木で遊んでいた若者も、「私達は今、バブルの時代を生きているのだ。そして私達は、バブル世代なのだ」とは、夢にも思っていませんでした。ただ、「毎日楽しい〜、けど物価高くて大変〜」と思いながら、ディスコとかに行っていたのです。

そんな時代の中でも、ユーミンは「泡は必ずはじける」と知っていたのだということが、「ダイアモンドダストが消えぬまに」を聞くと、わかります。ダイアモンドダストとは、極寒の地において、空気中の水分が細かい氷となって舞う現象を言うわけですが、この歌の始まりは、海の中。恋人同士がクリスマス時期に南の地に旅をして、海に潜っているシーンです。そして海の底で、

「Diamond Dust　幾千の泡を見送って
時がとまってた海の底
Diamond Dust　幾億の波を見上げたら
なぜか思いきり泣けた」

となる。

ダイビングで海に潜ると、自分の吐いた空気がゆらゆらと水面へと立ち上るさまが、とてもきれいです。この歌の中の恋人同士は、そんな景色を共有していました。

しかしその恋は、翌年には終わってしまったようです。二番の歌詞は、

「はじめまして　ひとりの冬
クリスマスにさあ乾杯
この日のためにあけずにおいた
冷えたボトルが音をたてるわ」

ということで、恋人と別れた女性は、一人で酒瓶を開けている模様。

とはいってもその酒は、ビールや焼酎ではありません。さすが後世の人達から「バブル」と言われた時代の歌だけあって、

「Diamond Dust　シャンパンをそっとのぞいたら
帰りたかったの去年へ」

ということで、彼女は一人でシャンパンを開けている。そして、シャンパンの泡を、昨年の南の海の底から眺めた泡になぞらえているのです。

恋も、泡も、時代も。それが華やかなものであるほど、はかなく消えてしまう。この歌はその事実を示しています。そして後世にいる我々が今聞くと、この歌はバブルの時代そのものの運命を予言しているようにも、思えるのです。これから始まる華やかな時代は、シャンパンの泡すなわちバブルのようなものなのだ、だから今を楽しむべきなのだと、ユーミンは察知していたのではないか。

「Diamond Dust　幾億の波を見上げたら
なぜか思いきり泣けた」

とありますが、「泣けた」のはダイアモンドダストのように見えた気泡が美しすぎたからだけでは、ないのでしょう。泡が宿命的に持つはかなさを身体の奥で感じたからこそ、

若い彼女は泣けてきたのではないか。

「短大生パーソナリティ」

バブルの時代の幕開けを告げたこのアルバムは、ユーミンのアルバムで初めて、百万枚を売り上げました。それはもちろん、日本が好景気になりつつあったからでもありましょう。以降もユーミンのアルバムは、一九九〇年の「天国のドア」まで売り上げを伸ばし続け、最盛期の売り上げは驚異の二百万枚超。

しかし景気とは関係なく、このアルバムだからこそ売れたというポイントもあるのであり、その時にキーワードになるのが「OL」と「結婚」の二つです。

アルバムの一曲目は、「月曜日のロボット」。会社員の憂鬱(ゆううつ)な月曜日について、歌っています。

「パスを見せて　ブザー鳴って　階段おりて
わからないのよ　どこに向かっているのか」

ということで、いつものように会社に向かいながらもすっきりしない女性会社員の気分を描いている。

会社員とはいっても、この曲は総合職キャリアウーマンのことを歌ったものではありません。一般職の、いわゆる「ＯＬさん」のことを歌ったものです。なぜならこの歌の主人公は、仕事にやり甲斐や面白味を感じていない様子が見受けられ、さらにはやり甲斐や面白味を自分の努力で増大させるつもりも無い。だからこそ、他者に動かされる「ロボット」感を覚えているのです。

さらに彼女は、ロボットになったかのような無味乾燥の日々から自らを解放してくれるのは、結婚だと思っています。

「カード押して　おじぎをして　ファクスを受けて
いつか愛するあなたとめぐり逢うまで」

ということで、タイムカードを押したりファックスを受け取ったりという判で押したような日々は、愛する男性と出会う「まで」なのだ、という感覚がある。すなわち愛する男性に巡り会えば、そんな生活をやめることができると思っているのです。

この歌詞を見て私は、「短大生パーソナリティ」という言葉を思い出しました。心理学者の小倉千加子(おぐらちかこ)さんは、著書『結婚の条件』の中で、「従来から女性学の世界では『短大生パーソナリティ』と呼ばれて」いるものがある、としています。それはすなわち、短大を卒業したら一流企業に就職して結婚、でも仕事と家庭を両立するなどというしんどいことは嫌なので、自分が仕事をやめても安心して子育てができるような収入を持つ男性を選び、幸せな専業主婦生活を送りたい、という感覚。

「高卒者の堅実さとも四大卒者のキャリア志向とも違い、家庭でのパワー拡大を目指し、自分の女性的ジェンダーの特権を決して捨てず、一見保守的な生き方に見える」

「彼女たちにとって結婚は『依存』そのものである」

と、小倉さんは書いておられます。

このアルバムが出た時代、短大へ進む女性はまだたくさんいました。短大を出た女性達は、難なく有名企業に就職したものです。

彼女達は、企業にとっては花嫁要員でもありました。事務仕事のためのみならず、若手男性社員と結婚したら会社を辞めて家庭で支えてくれるような若くてきれいな女性を供給するため、企業は短大卒の女性を採用していたのです。その辺りは、企業の利害と短大生の利害は完全に一致していたのであり、彼女達は結婚と同時に惜しげも無く会社を辞めていきました。

その後時代は変って、結婚程度のことで、せっかく就職した一流企業を辞める人はいなくなりました。また短大という業態も少子化等の影響で人気がなくなり、廃校になったり、女子大に転換したりするように。そして小倉さんは、この短大生パーソナリティについて、

「現在短大の減少とともに、四大の中堅以下の大学の女子大生のパーソナリティにそのまま移行している」

としておられます。

「月曜日のロボット」の、

「Rescue　私を　Rescue　虚ろな

Rescue　迷宮から　救って」

という歌詞を見れば、彼女は、素敵な異性から「救われる」ことを夢見ていることがわかります。自分の力で状況を打破するのでなく、誰かがたらしてくれる救いのロープを、彼女は待っている。

一九八五年のアルバム「D・A・D・I・D・A」において感じられたのは、キャリア志向の片鱗でした。「メトロポリスの片隅で」は、恋が終わっても一人で強く生き、仕事に邁進する女性のことを歌っていた。

しかしその二年後のアルバムで、トップに「早く会社を辞めて専業主婦になりたい」的な歌とはこれいかに……、と私は思ったのですが、しかしだからこそこのアルバムはミリオンセールスを記録したのかもしれないとも、思うのです。

ユーミン本人は短大卒ではありませんし、結婚して専業主婦になったわけでもありません。高校時代からキャリアを積んでいる、専門職。

しかしユーミンは、バブルの始まりの時代において、短大生パーソナリティ的なものが女性達の中のメインストリームであるということを、熟知していたのでしょう。雇均法施行とともに、キャリア志向の女性も、もちろん増えた。しかしキャリアウーマンとしての生活は生半可な努力で成し遂げられないわけで、「そんな苦労しなくても、私達は幸せな専業主婦になりたいわ」という普通の女性の心理はむしろ強まることに、ユーミンは気づいていたのだと思う。

名前が変わることが「ヒロイン」

「続　ガールフレンズ」もまた、結婚の歌です。「ガールフレンズ」は「VOYAGER」の中の曲であり、そこでは恋人と別れて傷心の女の子を、女友達が慰めるという内容でした。その歌は、「女友達さえいればいい」といったムードも、漂っていたもの。

しかしこのアルバムの「続　ガールフレンズ」では、友達の結婚に際しての女友達の心境が歌われています。

「複雑な気持ちよ　あなたがいちばん先に
結婚してゆくなんて

前の彼のときも　旅行中のアリバイ
みんなで作ってあげたのに　今度も
まとまらないと云ってたくせに
なにさ　ひとり　勝手に」

と、仲間に先んじて結婚する友達に対して愛憎半ばする感じ。女子達のグループにおいては、「みんないっしょに」「包み隠さず」というのが鉄則ですから、いきなり「結婚します」というのは、「ひとり　勝手に」という行為となる。

しかし、そこに祝福しない理由は無いのです。

「オメデトウ　明日　教会で会ったなら
私の方が泣いてしまう」

と、女友達は思っている。

「なにさ　ひとり　勝手に」と、「オメデトウ」「泣いてしまう」が混在する女友達の複雑な心理は、今の時代にも共通するものです。が、当時は今よりもずっと、その複雑度合いは強かったのではないか。「いつでも、みんな一緒」だった女友達が、一足先に結婚という安全地帯に逃げ込むのを見た時の焦燥は、晩婚化が進んだ今の比ではなかったものと思われます。

この歌は、

「オメデトウ　明日　晴れやかなミセス
名前変わるあなたがヒロインよ」

という歌詞で終わりますが、そこには「仕事も続けるのに名前を変えたくない」とか「なぜ女だけが名前を変えなくてはならないのか」といった、キャリアウーマン的もしくはフェミニスト的な心理はありません。名前が変わることが「ヒロイン」という感覚は、まさに短大生パーソナリティのそれ。

だとするならば、「続　ガールフレンズ」において結婚する子も、その女友達も、結婚したら仕事は辞めようと考えているわけです。友達の結婚式が終わったら、週明けからはまた「月曜日のロボット」状態となる独身女性からしたら、「少しでも早く、どうにかしなくては」という思いは募ったのではないか。

一九八七年の、暮れ。時代は浮かれています。華やかな恋が終わっても、翌年は一人でシャンパンを開けて、女性はその華やかさを反芻できました。そして、前作アルバム「ALARM à la mode」の中の「土曜日は大キライ」に続き「オレたちひょうきん族」のテーマソングになった「SATURDAY NIGHT ZOMBIES」では、土曜の夜に開かれるパーティーのことが歌われています。そこには、

「BMWの掃木で　SATURDAY NIGHT
街の空飛び　ドアを蹴って
おいでよパーティーへ」

とありますが、魔女がまたがるほうきのようにＢＭＷを駆る人達がこの頃には増え、「ＢＭＷは六本木のカローラ」と言われる時までは、あと少し。

浮かれた時代に流されそうになりながらも、一方では結婚という最終目的も見ていた、女性達。美しい泡にふわふわと乗っかっていくか、現実的な問題である結婚のために必死になるか。知らず知らずのうちに股裂き状態になっている女性達の姿がこのアルバムから浮かび上がるように見えるのは、私も同じ時代を生きていたから。そして当時の私は、自分が股裂き状態にあることには思いが至らず、このアルバムを聴くことによって「このまま生きていれば、私はパーティーも結婚も、手に入れられるに違いない」と信じていました。

時代を覆う美しい泡に目を奪われていた私は、その時二十一歳の女子大生。そう、あの頃の私は、「名前変わるあなたがヒロインよ」などと思っている女性がこの世にたくさんいることに、まだ全く気づいていなかったのです。

17　恋愛のゲーム化

Delight Slight Light KISS

1 リフレインが叫んでる
2 Nobody Else
3 ふってあげる
4 誕生日おめでとう
5 Home Townへようこそ
6 とこしえにGood Night（夜明けの色）
7 恋はNo-return
8 幸せはあなたへの復讐
9 吹雪の中を
10 September Blue Moon

（1988年11月26日発売）

1988年

東京ドームが完成、瀬戸大橋が開通した。9月から昭和天皇の容体が急変、テレビ局などでは「自粛」が始まった。フジテレビ「ねるとん紅鯨団」の影響で、おしゃれに演出された集団見合いが流行。この年、CDがLPの生産枚数の2倍を超えた。

恋人達の「間」を埋めるユーミン

「Delight Slight Light KISS」におさめられた「誕生日おめでとう」は、そのタイトルを見ると恋人の誕生日を寿ぐ歌かと思うわけですが、そうではありません。いつも一緒に祝っていた彼の誕生日だけれど、今年は彼と破局してしまったため一緒に祝うことができなくなってしまった。だから女性は一人、別の場所で「誕生日おめでとう」と祝っている……という歌なのです。

誕生日は、恋人達にとって重要なイベントです。誕生日を恋人と一緒に過ごすことができるかどうかは、若い男女にとって大きな問題であり、今年の誕生日こそプロポーズか……という期待を醸成しすぎてパンパンになっている女性も、いるものです。

が、昔の日本人は「誕生日を祝う」などという行為を、しなかったらしいのです。それというのも昔の日本では、全員がお正月に一斉に一つ年をとるという、「数え」の年齢を採用していたから。それぞれの誕生日を祝うという発想が、無かったのでしょう。

昭和に入っても数えの年齢は使われており、昭和二十五年に施行された「年齢のとなえ方に関する法律」において、満年齢を使用する方が望ましい、ということになったそうな。

そういえば明治生まれの私の祖母も、

「満で〇〇歳、数えで〇〇歳」

と自分の年を言っていましたが、私にはその意味がわからず、混乱したものでした。ちなみに韓国では、現在も数えの年齢が広く使われているようです。

ということで「誕生日を祝う」というのは、戦後に盛んになったイベントなのです。戦前の若者達は、好きな異性の誕生日のプレゼントに悩んだり、自分の誕生日を誰も祝ってくれないと落ち込むこともなかったのでしょう。

今、恋人達をてんやわんやさせるイベントというのは、全て比較的歴史の浅いものです。誕生日祝いはそんなわけで意外と新しい習慣であり、バレンタインにチョコレートを贈るというのは、一九六〇年代前後から始まって、七〇年代になって盛んになっていったらしい。クリスマスを祝うという風習は明治時代にもあったらしいですが、それが「恋人のもの」という印象になったのは、やはり七〇年代以降ではないか。

日本古来のイベントは、あまり恋人向けではないのです。冬至(とうじ)だから南瓜(かぼちゃ)を煮て柚子湯(ゆずゆ)に入るとか、お彼岸だから墓参りへ、というのは皆、家族単位を前提とした行事であり、ロマンティックとは言いがたい。

男女が二人で歩いているだけでもおとがめを受けた時代が日本にはあったわけですが、

その時代の男女は交際などせず、出会いがセッティングされたら、さっさと結婚していたのです。一九三〇年代には、約七割の人が見合い結婚だった。

しかしその後、自由恋愛がどんどん盛んになって、見合い結婚と恋愛結婚の割合が逆転するのは、六〇年代。そして「Delight Slight Light KISS」が出たのは一九八八年ですが、八〇年代後半には、恋愛結婚率は八割を超えている。すなわち、「普通は、恋愛結婚だよね」という状態になっていたのです。

結婚するには恋愛をしなくてはならないとなって、初めて世に出たのが、「恋人」という生き物。誕生日、バレンタイン、そしてクリスマスといった行事は、恋人達を退屈させないために、どんどんカスタマイズされていきました。クリスマスなど、八〇年代になると本来の意義からは遠く離れ、「恋人同士がレストランで食事をしてプレゼントを交換してからセックスする日」になっていたのです。

ユーミンの歌もまた、恋人達の「間」を埋めるのに一役買っていました。恋人同士がドライブに行く時は、とりあえずユーミンの歌をかけていればよいとされたもの。

ちなみにこのアルバムが出たのは、J-WAVE開局と同じ年。「とりあえず流しておけば何とかなる」音の筆頭の座を、ユーミンとJ-WAVEは争っておりました。

「早く身を固めないと一人前と見なされない」というプレッシャーは既に無く、交際相手がいれば、性的な欲求不満も感じずに済む。若者達は、そんなわけで誰かと付き合ったからといってすぐに結婚しなくなったのですが、しかし婚姻関係を結んでいない男女の関係は、大なり小なり、何かイベントが無いと間が持ちません。そのために、誕生日やバレンタインは活用されたわけですが、「誕生日おめでとう」の主人公の女性は、彼の誕生日を祝うことを、例年の習いにしていたようです。

「かすかに　かすかに　風が動いてた
キャンドルたくさん　ゆれる瞳
今でも見えるのケーキに綴られた
誕生日おめでとう」

ということで、いつも一緒にケーキを食べていたのに、

「月日は灯した　夢を吹き消して
静かにあなたを　つれて行った」

と読むと、彼は彼女の許を去ってしまったらしい。だから、

「今年は注文しなかったあなたの
誕生日おめでとう」

ということなのです。

「年に一度のひとことを
云うことさえもできないの
もう誰も出ないけど
あなたの部屋に電話するわ」

と、ストーカーっぽいことをしようとしている彼女ですが、しかしこの時代、まだ「ストーカー」という言葉は一般的ではないわけで、「あなたの部屋に電話」は、彼がもういないという事実を受け止めなくてはならない彼女の、幻肢痛を抑えるための、ほろ苦い行為となるのでした。

誕生日ケーキを「今年は注文しなかった」とありますが、このような幻肢痛を覚えるということは、過去に少なくとも二回以上は、一緒に誕生日を祝ったという歴史があることかと思われます。だというのに、彼とは別れてしまった。

自由恋愛が盛んな時代とは、自由に別れることができる時代でもあります。若者達は、異性と別れたりくっついたりを繰り返すようになり、有名な「リフレインが叫んでる」をはじめ、このアルバムでも五曲が別離関連の歌。

別れたり、くっついたり。それが簡単にできるが故に、恋愛はどんどん軽くなっていきました。恋愛ばかりではありません。日本という国全体が、気軽に、手軽に、軽佻に……

と、ふわふわ路線を歩んだのです。

カーセックスを断った女の歌

このアルバムのテーマの一つが、そんな「軽み」なのだと私は思います。タイトルからして、「Ｄｅｌｉｇｈｔ（人を喜ばせる、楽しませる）Ｓｌｉｇｈｔ（ちょっとした、わずかな）Ｌｉｇｈｔ（軽い）ＫＩＳＳ」なのですから。

これは、「恋はＮｏ－ｒｅｔｕｒｎ」という歌の中からきている言葉でしょう。この歌は、端的に言うなら「カーセックスを断った女」の状況を歌ったもの。女は、相手の男に対して、まんざらでもない気持ちを持っているのです。しかしだからこそ、勢いでそのような行為に移行してしまうのは嫌だった。

「Love Affairでいいなら　他のひとにして」
「まだ早いわ　待って　欲しい恋はNo-return」

ということで、彼女は真剣に交際したかったのです。

「三日月が綺麗だったけど
おこしましょ　リクライニングシート」

と、すんでのところで彼女は事に至らなかった。そして、

「Woo　確かめて　踏み出して
大事な　Just one light KISS」
ということになる。

この辺り、車にも乗らないしセックスにも興味が無いという今の若者には、まったく理解できないことかと思います。よしんば今時の若者がカーセックスに及ぼうとしてシートを倒したのに、女性から「おこしましょ」などと言われたら、ショックの余り二度と彼女には会えないのではないか。

しかし、八〇年代後半の若者は、それくらいのことではしょげません。おそらく彼は「おこしましょ」と言われたことでさらにやる気になって、別の機会に再び、今度は車内ではなくもっと素敵な場所（故・赤坂プリンスとか）で彼女と事に至ろうとするでしょうし、彼女はそれを受け入れるに違いないのです。そして彼女は、もしこの時の相手がさほど好きではない男性であったら、「Love Affairもたまには」と、いたしてしまったのかもしれません。

恋愛の軽佻化とは、恋愛のゲーム化でもあります。若者は「POPEYE」「Hot-Dog PRESS」といった雑誌で、「こんな時はこうすべき」といった恋愛マニュアルを学びました。女性もまた、こうくればああ、ああくればこう、という手練手管を身につけていったのです。

恋愛がゲーム化した時、そこにでて来たのは勝ち負けの感覚です。質の高い男性から選ばれ、結婚へと至ることができた女性は「勝ち」となる。恋愛相手である異性に対しても勝ち負けの感覚はあって、カップル内では相手のことを思う量が多い側が「負け」という感覚がありました。

これはすなわち、「思われること」至上主義、であったのだと思います。特に女性の側は、自分からがっついて男性を狩るのは格好悪いと思っており、「思われるための努力なども特に何もしていないのに、男性から勝手に思われているの」という状態にしておきたかったのです。

「ふってあげる」「幸せはあなたへの復讐」の二曲は、そんな時代における勝ち負けにこだわる女性の気持ちにマッチする歌です。たとえば、そろそろ終わりが見えてきたカップルのことを歌っているのが、「ふってあげる」。このカップルではどうやら、男が女のことを思う量より、女が男を思う量の方が多くなっています。つまり女側の敗色が濃厚。彼女は、

「今夜　私　死んでしまおうかな」

などと、中森明菜チックなことまでつぶやいているのですが、

「おどかしたって　もう帰らぬ心」

なのでした。

そこで彼女がとった策は、「自分から別れを告げる」というもの。

「あなたが最後に悩まぬように

ふってあげる」

「私が自由を望んだふうに

ふってあげる」

となるのです。

もちろんこれは、「別れたくない」とギリギリまで交際を長引かせ、本当に彼からふられてしまったら立ち直れないくらい傷つくのがわかっているが故の、行為。女の沽券をギリギリの所で守るために、彼女から「ふった」のです。

当時の恋愛マニュアル愛読者であれば、この事態は「女からふるように、男がもっていったのだな」ということも、よくわかるところ。つまり女は、「試合に勝って勝負に負けた」ということになります。女が勝負に負けたのならば、せめて試合には勝たせてあげるのが、男としての優しさであり礼儀であるとされていたのです。

当時、試合に勝って勝負に負けた女性達は、「ふってあげる」に自らを重ね合わせていました。勝負に負けたことを本当は自覚していても、この歌は「あなたが最後に悩まぬように」ふったのだ、としている。つまり「負けたくない」からふったのではなく、「相手のためを思って」ふった、ということにしてくれるこの歌は、勝負に負けた女性の心の傷を、そっとカバーするのです。

負けず嫌いな彼女のアピール

「幸せはあなたへの復讐」、これは数ある元彼ソングの一つです。この歌の中で、元彼女は元彼に対して、敗北感を抱いています。試合に負けたのがどちらかであるかは判然としませんが、勝負に負けたのは、彼女の側らしいのです。

そんなところに、彼女にコンタクトをとってきた、元彼。しかし彼女は、

「昔のように気やすくされても
私にはもう恋人がいるの　I'm so sorry」

という態度。さらには、

「あなたのように身勝手じゃなくて
仕事が出来るおとなの彼なの　I'm so sorry」

ということで、どうやら元彼は、彼女と同年代の、やんちゃなタイプだったらしい。彼

女は、元彼と別れた後に、元彼とは反対のタイプを選んだのです。そして、

「いつか　あの思い出が
ほかの記憶と同じ色になってゆくまで
私　楽しく生きるの
幸せはあなたへの復讐」

ということになる。

彼女は、本当に元彼のことを憎んでいるわけではありません。が、過去の恋で得た傷を今もひきずっているということ、思いがまだ元彼に残っていることが、悔しい。「仕事ができる大人の彼がもういるのよ」という主張は、負けず嫌いな彼女の「私はあなたとの勝負の土俵には、既に立っていないのだ。私は既に、別の場所で勝っている」というアピールでしょう。

この時代の独身女性が、恋愛という勝負において最終的に目指した勝利は、もちろん結婚です。このアルバムにも勝利の凱歌はおさめられていて、それが「Ｈｏｍｅ Ｔｏｗｎ へようこそ」。

「白いプロペラゆっくり止まれば
そこははじめてたずねるあなたのHome Town」

ということで、どうやらこの歌の主人公の恋人は、プロペラ機で行くような辺鄙な土地の出身。しかし、おそらくは都会出身の彼女は、「ＤＯＷＮＴＯＷＮ ＢＯＹ」の主人公と同様、「彼のベースが自分と違う」という異文化交流感覚に、舞い上がっています。「ＤＯＷＮＴＯＷＮ ＢＯＹ」のカップルの場合は、結局は文化の違いを乗り越えられずに別れてしまいますが、この歌の主人公は、舞い上がったままでプロペラ機に乗り、

「心配しないで　私の未来が
ここにあると知っていたのよ」

とか、

「あなたのママに気に入られるわ」

と、テンションはマックスに。この地に嫁入りする勢いなのであり、

「本当に田舎ね　ここは素敵な　Home Town」

と、「彼の故郷訪問」という一世一代のイベントに興奮するあまり、上から目線の発言まで。

この歌からは、もうすぐ結婚、となった若い女性のふわふわした気持ちがよく伝わってきます。既にバブルに突入していたこの時代、すなわち「ふわふわ」でありつつ「ギラギラ」でもあったこの時代、プロペラ機で行くような素朴な場所への嫁入りをあえて歌うと

ころは、ユーミンらしい〝はずし〟と言えましょう。

しかし彼の故郷にやってきて、

「本当に飛んで来たのね遥かな　Home Town」

とか、

「澄んだ瞳なのは
澄んだ空のせいね」

などと思っている彼女も、過去には誰かと別れて、「今夜　私　死んでしまおうかな」などと言っていたかもしれないし、もしも今の彼との結婚がうまくいかなかったら、クソ意地を出して歯医者さんと結婚し、「幸せはあなたへの復讐」とつぶやいたかもしれない。そんな女性の生きざまが見えるようで、Ｌｉｇｈｔではありながらけっこう怖い、このアルバムなのです。

18　欲しいものは奪い取れ

LOVE WARS

1 Valentine's RADIO
2 WANDERERS
3 LOVE WARS
4 心ほどいて
5 Up townは灯ともし頃
6 トランキライザー
7 ホームワーク
8 届かないセレナーデ
9 Good-bye Goes by
10 ANNIVERSARY

（1989年11月25日発売）

1989年

１月に天皇が崩御、昭和が幕を下ろし平成がスタート。美空ひばりも52歳の若さで逝去。礼宮さまと川嶋紀子さんの婚約が発表される。４人の幼女殺害で逮捕された宮崎勤の猟奇的犯行に世間は震撼。ベルリンの壁が崩壊。ランバダが流行。

バブルと「戦争」

今まで何度か、ユーミンの作品における「軍歌」の存在について記して参りましたが、一九八九年にリリースされたアルバム「ＬＯＶＥ ＷＡＲＳ」のタイトル曲は、文字通りその代表のような存在であるかと思います。

一九八九年という年に、私は特別な感慨を覚える者です。それというのも私は、一九八九年に大学を卒業して、就職したから。就職した会社では、入社年次とともに人を記憶する習慣があり、

「酒井って、いつだっけ？」

「ハチキュウです」

という風に「八九」を連呼していたため、いまだに「八九」という年を忘れることができません。

入社年次を聞かれて、

「ハチキュウです」

と答えた後にしばしば返ってきたのは、

「ああ、バブル入社組ね」

という言葉でした。バブル入社組とは、一九八八年頃〜九二年頃に入社した人々を指す言葉であり、「八九」はといえば、「ド」がつくバブル入社。

そんな年にリリースされたユーミンのアルバムは、当然ながら尋常でない勢いがありました。二年前の一九八七年に出た「ダイアモンドダストが消えぬまに」は、ユーミン初の百万枚超の売り上げとなったわけですが、「ＬＯＶＥ ＷＡＲＳ」はさらに売り上げを伸ばしています。八〇年代は、第二次ユーミンブームと言われたわけですが（第一次は荒井由実時代）、バブルとともに、ユーミンブームも頂点へと向かっていました。

そんな時のアルバムのモチーフが「戦争」であるということは、後世の我々にとって、深く納得できるものです。アルバムジャケットは、銀ラメのミニワンピースを着たユーミンが、やはり銀色の非現実的な背景の中で、銃のようなものを構えている。髪型はもちろん、ロングのソバージュ。そういえばあの頃、私もソバージュにしていたっけな……。

アルバム一曲目は「Ｖａｌｅｎｔｉｎｅ'ｓ ＲＡＤＩＯ」。タイトルは甘く、曲調は軽いのですが、内容はそれほど甘くも軽くもありません。

「私はあなたの唯一の彼女と
名前を匿せずに
言ってもいいでしょ　曲紹介にのせて」

とか、

「世界で一番心配している
私はいつでもあなたのそばにいるの
疲れた日々はお休みなさい
私のもとにおかえりなさい
もう一度いちから一緒にやりたいの
あなたに捧げるハート」

と、曲の後半には重い歌詞が続く。この歌は、「バレンタインって、楽しいね」という歌ではないのです。相手と微妙な関係にある女性が、ラジオの電波に乗せてでも自分の熱い思いを伝えたい、と願う歌。ユーミンの歌には、ストーカー的な情念を感じさせるものも少なくありませんが、これもまたその一つです。

「Valentine's RADIO」で不穏な内容が提示された後、次の「WANDERERS」は、曲調が不穏です。「WANDERERS」とは「流浪の民」といった意味ですが、愛に流浪する若者の心理が、ここでは描かれています。そして曲は、まるで軍靴の音が聞こえてきそうな行進調。

「きみに会えなくなるなんて

きみに会えなくなるなんて」

というリフレインが、流浪の民の哀しさを物語っています。

……と、「もうすぐ戦争が始まるのではないか」といった不穏な空気がたっぷりと醸成されたところで出てくるのが、三曲目の「LOVE WARS」なのでした。

メロディーは、前向きなものです。

「今夜　とび出すのよ

光るテレビジョンの窓を開けて

暗い部屋から」

と、歌詞も前向き。暗い部屋で一人涙に暮れている女の子に対して、「泣くな、戦え」と背中を押すかのよう。

「めざす帝国は遠いレヴェル

ミサイル燃える海」

と、猛々しいイメージも広がります。その後には、

「どこまでも戦うから　恋を戦うから

GAME OVERにはさせない　I gotta go LOVE WARS」

と続く。

歌詞を読んでいると、どうやらこの戦争は、負け戦（いくさ）のようなのです。二番の歌詞は、

「彼はまだ見えない
時は信じたって嘆いたって
同じに過ぎる
だから　涙ふいて
いつか本気だったあの瞳を
イメージして」

というもの。かつては仲が良かった彼を失ってしまった女の子が、「これは戦いなのだ」と、その彼を再奪取すべく出陣しようとしているムードです。

同じような状況を歌にするとしても、今の歌手であったら決して、戦争モチーフにはしないことでしょう。「ミサイル燃える海」などというフレーズには思いも寄らず、「愛をあきらめないで」と優しく歌うのではないか。

対してこの時代、恋愛を戦争や勝負に置き換えた歌は、ごく普通の存在でした。一九九〇年には、ＫＡＮが「愛は勝つ」を歌って大ヒット。そして一九九二年には、ドリームズ・カム・トゥルーが「決戦は金曜日」を歌って、これまた大ヒット。

「愛は勝つ」は、

「心配ないからね　君の想いが
誰かにとどく明日がきっとある」

ということで、まだ特定の相手がいない人に対して、「愛というものを信じていれば、そのうちきっと幸せ、すなわち勝利が訪れるのだ」と励ます歌。

そして「決戦は金曜日」は、ある男の子のことを好きでたまらない女の子が、金曜日にその思いを彼にぶつけようと決心して向かって行く、心の高揚を描いた歌です。思いを彼に伝える、そのことが「決戦」と表現されているのであり、

「戦闘の準備は　ぬかりない　退がらない　その手を離さない」

と、こちらも勇ましい。

自ら出陣する女性達

恋愛を戦になぞらえた歌が、大ヒットする。この事実は、時代と無関係ではないことでしょう。時は、バブル。仕事でも恋愛でも、えげつないほどに「欲望を実現する」ということが、よしとされました。欲しいものを手に入れるための行為が、すなわち戦いだったのです。

そんな時代であったことに加え、日本人の国民性も関係しているものと思います。日本

人は昔から、何かを一生懸命にしようという時、「これは、戦争なのだ」と思ってうっとりする癖を持っています。

たとえば選挙などは、まさにそれ。

「勝たせてください！」

と支援者に絶叫している候補者は、旧日本軍の兵士のように、必勝ハチマキを巻いている。

受験にしても、そうです。試験が近づいてくると、受験生はやはりハチマキ姿で勉強し、塾では出陣式を行って子供達を送り出す。何かのキーパーソンが亡くなれば、「弔い合戦」と称して人々はいつも以上のクソ意地を発揮しますし、仕事などを共に頑張った人に対しては、「彼は、ただの友人ではなく、戦友なんです」などと言う人も多い。

すなわち我々は、何か目標達成をしようという時、「これは、戦争なのだ」と思うと、尋常でない力を発揮できるようなのです。第二次世界大戦に負けた日本人は、憲法第九条により戦争の放棄をした一方で、敗戦の屈辱をバネに、何につけても「これは、戦争なのだ」と思うことによって、日本を経済大国へと押し上げたのではないか。

ユーミンが「ＬＯＶＥ ＷＡＲＳ」で示したのは、「恋愛も、戦いだ」という概念です。男性から思われ、乞われてつがいとなることだけが幸せなのではない。相手がどう思っていようとも、力ずくで振り向かせることも時には必要なのだと、この歌は力説している。

一曲目の「Valentine's RADIO」もまた、「相手からはそれほど思われていないが、自分は相手のことを熱烈に思っている」という状況の歌です。電波を使ってでも、自分の思いを相手に届けようという、これまた強引な歌でもある。

そういった歌を聴いていて思うのは、「この時期のユーミンの曲というのは、すなわち『逆演歌』なのだ」ということです。演歌に出てくる女達は、ほぼ百パーセントが不幸です。男に捨てられるか、道ならぬ恋をしているか、その両方か。そして、ユーミンの曲に出てくる女性も、実は不幸な人が多いのでした。しかし演歌の女とユーミンの女とでは、不幸への対処の仕方が、全く異なるのです。

演歌の女は基本、「泣いて、待つ」のです。泣いたら涙は流しっぱなし、待ったら待ちっぱなし。

八代亜紀「雨の慕情（ぼじょう）」では、

「雨雨ふれふれ　もっとふれ
私のいいひと　つれて来い」

と、女は「情人の来訪」という願いを雨に託して待っているだけで、会いたいからといって自分で電話などはしないのです。

対して〝ユーミン軍歌〟の女は、待たずに自分から出陣していきます。「LOVE WARS」にも、

「早く　涙ふいて
青いサテライトにむかって来る
隕石雲」

という歌詞があるように、涙などおちおち流していたら、隕石にぶつかってしまう。そしてこの時代、ただ待っているだけでは、幸せを得ることなどできません。

「どこまでも戦うから　恋を戦うから」

と、涙はさっさと拭いて自分の幸せを自分で手に入れるための戦いに赴(おもむ)かなくてはならないわけで、雨などという自然現象に情人の来訪を託してじっとり待っている場合ではないのです。

ファンの感覚との乖離

ではこの時代の若い女性達にとって、「恋愛のための戦い」とは、具体的にどのようなものだったのでしょうか。恋人がいる男性にも果敢にチャレンジして奪い取る、といったわかりやすい行為ばかりが「戦い」ではなかったはずです。「泣いているだけ、待ってい

るだけ」の女が良いとされた演歌の時代とは異なり、男性を籠絡するためにあらゆる手練手管を使うことが、実生活上では「戦い」だったのではないか。

同じ涙であっても、「ここで泣いておけば、相手の同情を引くことができるはず。でも泣きすぎは禁物。しばらく泣いたら半べそ状態で、『私は大丈夫』と笑顔を見せれば効果的……」といった作戦を練った上での涙であれば、それは「戦い」となった。「幸福を得るためには、すなわち『勝つ』ためには、手段を選ばなくていいんだよ」と、当時の若い女性達はユーミンから背中を押されたような気持ちになって、戦いに打って出ては玉砕したりしなかったりしていたのです。

八〇年代以降は、演歌にとって不遇の時代となったわけですが、演歌とは正反対の女性像を歌うユーミンのような人が大人気の時代において、「着てはもらえぬ　セーター」を、冬の北の宿で一人、「寒さこらえて　編んでます」（都はるみ「北の宿から」）的な女性はいかんせん、辛気くさい。ユーミンの歌では、男と別れた女が向かう先はアカプルコなのですから。

アルバムの最後の曲は、「ANNIVERSARY」です。結婚のお祝いソングとしても使用されるこの歌、確かに結婚がモチーフとすると、戦いの終着点としての勝利を歌った歌のように聞こえます。

しかし私は、これは結婚そのものを歌った歌ではないような気も、するのです。「LOVE WARS」にしても、ユーミン自身はおそらく、「どんな手を尽くしてでも欲しいものは奪い取れ」というメッセージを込めたのではなく、「ただひたすらに愛するという気持ちは、かくも強力なのだ」ということを示したかったのでしょう。しかしバブルの時代に生きる一般のファンからすると、「あらゆる手練手管を使って、自らの幸せをゲットすればいいのね」という風にしか聞こえませんでした。このようにバブル期の辺りから、ユーミンの本当の感覚とファンがユーミンの曲に抱く感覚の間の乖離（かいり）は、大きくなっていったのではないか。

「ANNIVERSARY」も、タイトルからしていかにも結婚がテーマっぽいですが、それは世間が卑近なものと結びつけて考えた結果なのではないかと、私は思います。

私はこの曲を聴くと、「戦いすんで日が暮れて」的な光景が思い浮かぶのです。愛するという気持ちを信じて戦闘を繰り広げた後、精根尽き果てた人間同士に残った、一筋の信頼の光、そして戦うということの虚無（きょむ）のようなものが、ここでは歌われているのではないか。

しかし私は、戦いが終わって焦土のようになった光景には、まだ火種がくすぶっている気がしてならないのです。

「いつの日か　かけがえのないあなたの
同じだけ　かけがえのない私になるの」

といった歌詞を見ると、ここでも女性が男性を思う感情量は、男性が女性を思う感情量よりも多い様子。

「あなたを信じてる　瞳を見上げてる
ひとり残されても　あなたを思ってる」

ともありますが、女性が見上げている男性の瞳が見ているものは、女性の瞳ではなさそうな感じも……。これが結婚の歌であったとしても、結婚がゴールなのではなく、この先にまだ戦いは続くことを暗示しているのではないか。

女の戦いに終わりなど無いということを教えてくれるのが、ユーミンの歌なのかもしれません。

「今朝の光りは無限に届く気がする
いつかは会えなくなると
知っていても」

とか、

「ひとり残されても　あなたを思ってる」

という「ANNIVERSARY」の歌詞からは、未来の離別や死別を予想している女性の心理が窺い知れます。この曲の荘厳なムードからすると、死別と考えた方がいいのかもしれず、恋愛を巡る女性の戦いは、男性が他界した時にこそ、終わりを迎えるのでしょう。

目先の〝勝ち〟を得るために、右往左往していた、あの頃の女性達。しかし、本当の勝利は、まだまだ遠い未来にある。……「ANNIVERSARY」は、バブルに浮かれる私達に、そんな事を語りかけていたのではないかと、今にして思うのです。

19　永遠と刹那、聖と俗

天国のドア

1 Miss BROADCAST
2 時はかげろう
3 A（エース）はここにある
4 満月のフォーチュン
5 Glory Birdland
6 ホタルと流れ星
7 Man In the Moon
8 残暑
9 天国のドア
10 SAVE OUR SHIP

（1990年11月23日発売）

1990年

郷ひろみとの出会い、結婚を綴った二谷友里恵『愛される理由』がミリオンセラーに。谷村志穂の書籍のタイトルでもある「結婚しないかもしれない症候群」、伊丹十三監督の映画『あげまん』も（「さげまん」とともに）流行語となった。

聖と俗が交錯する構造

一九九〇年にリリースされた、「天国のドア」の、一曲目と二曲目を聴いてわかるのは、「このアルバムには、聖と俗とが、極めて強いコントラストをもって収められている」ということです。

一曲目は、思いきり俗っぽい曲である「Miss BROADCAST」。タイトル通り、放送事業にかかわる女性が主人公です。それも、バリバリのニュースキャスターらしい。

「Sweetな夢見る夜明けを
ひき裂く国際電話」

ということで、早朝に国際電話で起こされた彼女は、タクシーをせかしながら放送局へと向かいます。

「メイクもスーツも中途で
資料室にまっしぐら
うでいっぱいファイルかかえて
たすけて　いつものStudio

待ってて衛星(そら)からの　Video」

と、トレンディドラマ（当時）が描くキャリアウーマンのような彼女なのです。

「やりがいがある仕事に夢中になる独身女性」について歌ったこの歌。取り上げられているのは、当時、既にブームが到来していた女子アナではなく、キャスターです。自分で資料を集めて言葉を探すという、女子アナよりずっと自主性が必要とされる仕事に、彼女は就いている。

「やりがいのある仕事に就く女性の格好良さ」の他にもう一つ、この歌が表現しているのは、「仕事」というものが持つ刹那性でしょう。

「本番1秒前でも
すべり込んで来るニュース
考えもしないところへ
ドミノが倒れてゆくわ」

というように、ニュースキャスターの仕事は時間との勝負です。しかし彼女は、

「事実が過ぎてゆくときに
ふるえる　ふるえる　私のハートが」

とか、

「ニュースが消えてゆく前に
つかんで　つかんで　熱いメッセージ」

というように、一刻を争う職場にストレスを感じるのではなく、興奮を覚えているのです。

せわしなく「今、この時」を送り続ける現実的なニュースの世界を描いた後、雰囲気は一転し、二曲目はその名も「時はかげろう」という歌。

「日没の合図とともに　砂漠におこる風よ」

と、歌い出しも静か。

「目を閉じて深く吸い込む　この星のエナジーを」

とか、

「滅びゆく種族のうたを　おぼろげに口ずさむ」

とか、歌の中の光景がありありと想像できた一曲目とは違い、精神世界チックな雰囲気が漂うのです。一曲目と二曲目のこの落差に、私達はひき込まれることとなる。

俗な曲と聖なる曲とが交錯する構造は、さらに続きます。三曲目の「A(エース)はここにある」は、軽やかな恋愛の歌。端的に言うなら、「私に早く手を出して」と言っている女の子についての、俗すなわちポップな歌です。そして四曲目「満月のフォーチュン」もまた、恋愛の曲。「この出会いはとても特別な、運命的なもの」という、恋愛初期には誰しも経験する感覚を歌ったものですが、しかしここには気になる一節があります。それは、

「銀色のエンジェルが
　矢を放つ前の
永遠の一瞬が　二人のはじまり」

という文の中の、「永遠の一瞬」。

「永遠」と「一瞬」は、反対語と言っていい関係にあります。というのに「永遠の一瞬」とはこれ如何に。……と思わせるのが作詞の妙というものではありますが、「永遠をスタートさせた一瞬」とか、「永遠を感じさせるような一瞬」とか、様々な意味を含んでいるのだと思う。

この言葉は、「天国のドア」というアルバムを象徴するような存在です。「永遠」と「一瞬」、それはすなわち「聖」と「俗」のことでもあるような気がするから。

俗な楽しみは、往々にしてその場限りで終わってしまう、刹那的なものです。刹那的であるからこそ、そこにめくるめくような快感が産まれるとも言える。

対して聖なるものというのは、決して刹那的ではありません。真実の愛とか神といった聖なるものは、どこかで終わるのではなく、永続的な存在。「聖」とはすなわち、「永遠」

の言い換えでもあるのです。

そして私達は日々、聖と俗のバランスを取りながら、暮らしているのでした。もちろん、日常生活の中で圧倒的な存在感を示しているのは、俗な人、俗な言葉、俗な体験です。「美味しい」とか「楽しい」とか「気持ちいい」という体験を求めて我々は行動し、その手の体験を励みに、つらいことを乗り越えもする。

しかし、美味しさも楽しさも気持ち良さも、一過性のものです。一度体験したらそれで終わるのであり、同じ体験をするにはまた種を蒔かなくてはならない。

そんな俗な生活の中でふと抱くのが、「聖なる何か」、すなわち「永遠の何か」が欲しい、という思いです。

この手のことを考えるのは、普通は大人になってからでしょう。子供とかティーンの頃は、自分の人生は未来永劫続くと思っていますし、自分が老化し、「終わり」すなわち死を迎えることなど、考えることが無い。

しかし三十歳前後から感じる、様々な変化と衰え、そして限界。「あれ、自分も老けたり……するわけ?」と気付く頃に突如目覚めるのが、永遠なるもの、聖なるものに対する欲求です。

最も俗っぽい歌

スピリチュアルブームと言われて久しいですが、大人の女性達がパワースポット巡り等にはまるのも、だからこそなのだと私は思います。若くて勢いがあるうちは、彼女達もパワースポットなどどうでもよかったはず。自分の中に飼っていたはずの「永遠」がするするとどこかに行きそうになった時に、人はどこかにある「永遠」にすがりに行くのではないでしょうか。

「天国のドア」以前にもユーミンは永遠をモチーフに歌っていましたが、ここに来て永遠ソングがぐっと増えたような印象を受けるのは、ユーミンの年齢と無関係ではないのではないかと、私は思います。「天国のドア」を出した一九九〇年、ユーミンは三十六歳。中年の入り口にさしかかったと言っていいでしょう。

もちろんユーミンは、他の人とは比較にならないほど若くスタイルもよくお洒落でしたが、とはいえ人間であるからには、何らかの衰えに気づくことはあったはず。そんなこともあって永遠ソングが増えてきたのではないかと私は邪推するのです。そしてこの年、雑誌「ａｎ・ａｎ」で始まったユーミンの連載エッセイのタイトルが、「永遠を探せ！」であったりするのも、果たして偶然なのかどうか……。

ということで五曲目の「Ｇｌｏｒｙ Ｂｉｒｄｌａｎｄ」は、永遠ソング。それも、輪廻転生っぽい薫りが漂います。

「むかし昔　目も眩む金色の鳥が
深い深いバンブーの森にいたと云う
夜明けの晩しか咲かない百合の
雫を吸うのを見た者は戻って来ない」

という神秘的な場所が、どうやら“Glory Birdland”。

「さあ行こう　あの禁断の　Holy Island
見つけよう　勇気を出して　Glory Birdland」

と、歌はその地へ赴く(おもむ)ことを促します。その後には、

「遠い昔　私達　タブーを侵して
高いビルとハイウェイの森で　又逢った」

という歌詞が。これもまた男女の歌であるわけですが、二人は様々な時代、様々な地に転生しているらしく、ゆきずりとか一過性のつながりでなく、聖なる結びつきであることを、この歌は言っています。

恋だの愛だのに関しても、「我々は、偶然に番っ(つが)たのではない」「これは永久の時の流れの中での、必然である」ということを、この時代の人は思いたがっていました。そういっ

た欲求が強まったのは、この時代がバブルの絶頂、すなわち極めて刹那的・物質的な時代であったその反動だと私は思います。

聖なる島のことを歌った後、雰囲気はまた一転し、俗な歌へ。「ホタルと流れ星」は「今日が最後のデート」という日のことを歌った、軽いお別れソング。そして、次の「Man In the Moon」こそは、このアルバム中で、否、もしかするとユーミンの全ての曲の中でも最も俗っぽいのではないかと思われる、ザ・刹那な歌なのです。

「まわりまわるステップで
ふわりふわり無重力さ
昇り昇る昇れれば
世界中が脈打ってる」

と、早いテンポでくるくる進むこの歌。

「明日からもハイなまま
明日からも波に乗って
明日からもこのセンで
明日からもクールでゆく」

と、さらにくるくる感は続く。

この歌の主人公は、成功を夢見る男性です。

「彼の夢は白いロールス　プール付きの家」
であり、
「ジムで鍛えた肉体に
どんな女もイチコロ」
なのです。

「ゆとり」で「まったり」な今の若者が聞いたら「ハイ」とか「クール」とか「イチコロ」といった言葉に「はて??」と思うであろうこの曲は、しかし一九九〇年の雰囲気にぴったり。「あーいたいた、こういう人」という感じです。

彼は、チャンスを求めて焦ってもいます。

「めぐりめぐるチャンスから
ひとりひとり脱け出してく
かないかなうかなえれば
ふかしだって本当になる」

と、これはもう「聖」とか「永遠」とは百八十度違う世界の話。ですが、一九九〇年にくるくると生きていた人は、その場その場を「波に乗って」「調子良く」「強気に」乗り切っていく日々が「永遠」に続くと思っていたのです。

そんな刹那の積み重ねによる永遠幻想に人々がどっぷり浸かっていた中で、ユーミンはその幻想の嘘くささを見抜いていたのであり、それが「Man In the Moon」のような曲となったのでしょう。しかしユーミンは、嘘くささの中にある、心をとろかすような甘味も十分に知っていて、この歌を聴いていると「転がり続けても、いいのかも」と一瞬思ってしまうのは、そのせい。

そして「Man In the Moon」というタイトルを見て、マイケル・ジャクソンの「Man In The Mirror」と何か関係があるのかしらん、とふと思った私。「Man In The Mirror」は、一九八七年に出たアルバム「BAD」の中の曲。こちらは、「世界をよりよくするために、鏡に映っている自分から変えていこう」という、アンセム的な歌です。「お気に入りのコートの襟を立てても、心の中には寒風が吹く」といった、アンチ物質主義的な感覚も歌われている。

とするならば、かつてビリー・ジョエルの「Uptown Girl」へのアンサーソングとして「DOWNTOWN BOY」をつくったと言われるユーミンはもしや、バブル期の日本を揶揄する気持ちで、「Man In The Mirror」と正反対の男である「Man In the Moon」を歌ったのではないか。……って、穿ちすぎ？

人気絶頂、中年ユーミンの不安

このように、「聖」で「永遠」な歌と、「俗」で「刹那」な歌が折り重なっている「天国のドア」。ラストの前が、アルバムタイトル曲である「天国のドア」となっています。「天国」などとあるので、死の世界をも視野に入れた永遠ソングなのかと思いきや、これは意外に俗っぽい恋愛の歌です。曲調も明るく、脳天が開く感じ。

サビの歌詞は、

「Knockしたいのはやく
Knockしたいの天国のドア
二人　何度も急降下するたび
もっと私を呼んで
もっとあなただけの呼び方で
そうよ今まで恋した誰かを
忘れるくらい」

というもの。下世話な私は改めて歌詞を見ていて、「も、もしやこの歌のモチーフは性行為？　そして天国とはすなわち……」などと思ってしまったわけですが、まぁそんなわけは無いでしょう。

「もっと私を変えて

もっとあなただけのやり方で」

という歌詞を読めば、さらに下世話な想像が広がりそうになりますが、しかしこれはユーミンの歌によく出て来る、男性に「連れていってもらう」とか何かを「してもらう」ことが好きな助手席パーソナリティーの一表出。それに続く歌詞は、

「そうよ今まで帰れた世界を

断ち切るくらい」

ということで、やはり彼女は、男性にうんと遠いところに自分を連れていってくれ、と願っているのです。が、その願い方がほとんど脅迫的というか、彼のことを既に彼女が追い越し気味の感じがするのがまた、この時代らしい。

おおいに盛り上がって「天国のドア」が終わった後の、このアルバム最後の曲は、「SAVE OUR SHIP」。こちらも、ベースにあるのは男女の愛なのですが、タイトルからしてもっと大きなものを歌っている様子。

「永遠に漂流する魂だから

せめて今は強く抱いて

見えぬ未来を乗り越える
Save Our Ship
それぞれの光めざし」

ということで、この歌にも出て来る「永遠」。ここで歌われているのは、恋愛の成就というよりは、魂の救済といったことなのでしょう。ゆらゆらと揺れる船のような不安定感を残したまま、この曲は静かに終わるのでした。

思いきり俗っぽい歌の、カリッとライトな歯触り。そして永遠なるもの、聖なるものについての歌の、とろりとした食感。両者が交互に重なり合うことによって、このアルバムはとても美味しく、食べやすいものとなりました。これまたよく売れて、売り上げは二百万枚を突破。売り上げ面でも、天国のドアを開けたわけです。

刹那的空気に満ちていたからこそ、永遠を求める気持ちも強くなった、この時代。ユーミン自身は、中年期にさしかかりつつある中で、人気の絶頂を迎えています。人気がもたらすものは、決して幸福ばかりではないはずで、尋常でない人気が不安に感じられたことがあったのではないか。ユーミンもまた、「Man In the Moon」の主人公のようなハイでクールな日々を送りながら、自分の中に永遠を探していたのではないかと思うのです。

20　終わりと始まり

DAWN PURPLE

1　Happy Birthday to You～ヴィーナスの誕生
2　情熱に届かない～Don't Let Me Go
3　遠雷
4　DAWN PURPLE
5　インカの花嫁
6　千一夜物語
7　誰かがあなたを探してる
8　タイム リミット
9　サンド キャッスル
10　9月の蟬しぐれ

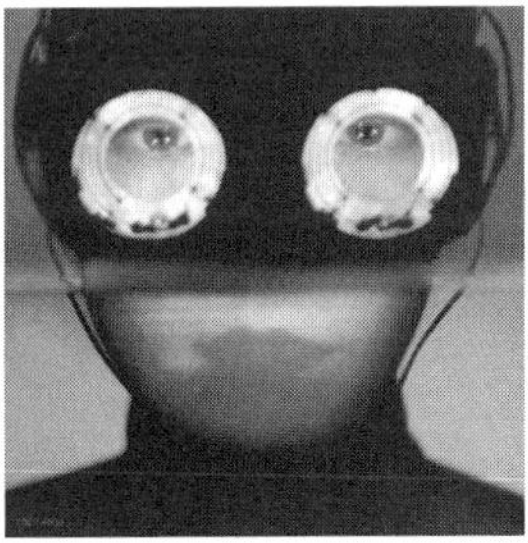

（1991年11月22日発売）

1991年

湾岸戦争が始まる。バブル経済の歪みが露呈し始め、「不正融資」「損失補塡」などが次々と発覚。一方で、『101回目のプロポーズ』『東京ラブストーリー』など純愛ドラマが人気。宮沢りえのヌード写真集『Santa Fe』が話題になった。

早すぎた「出産の歌」

バブルの頃、ユーミンのアルバムの発売は一つのイベントでした。「今回はこんなアルバム」というコンセプトは、様々な雑誌に掲載されるユーミンのインタビューで周知され、それを読んだ私達は「はぁ〜っ！」と、ひれ伏すような感動するような気持ちとなった。ユーミンブームとバブルが重なり、あの頃のユーミンの言葉には「ご託宣（たくせん）」に近い響きがあったものです。

一九九一年は、バブル崩壊の年と言われています。が、ユーミンブームは続いていました。この年に発売されたのは、「DAWN PURPLE（ドーン パープル）」。DAWNとは夜明けの意。

「紫がかった夜明けの空って、ものすごくきれいでしょう？」

といったことをユーミンが雑誌で語っているのを見て、「あー、会社辞めたい」とか思っている二十五歳であった私は、「洒落てる〜っ！」と、うっとりしていました。「何でユーミンって、こんな格好いい言葉を思いつけるのだろう！」と思ったことを、確かに覚えているのです。

清少納言は、『枕草子』の冒頭で「春は、あけぼの」と記しました。

「やうやう白くなりゆく山ぎは、すこしあかりて、紫だちたる雲の、細くたなびきたる」

のが「イイ」のだ、と。夜明けに紫がかった雲が細くたなびいてるのが素敵よねぇ、という清少納言と同じような感覚を、千年後に生きるユーミンは「DAWN PURPLE」という語で表現したのです。

清少納言は、「春は、あけぼの」というフレーズを、『枕草子』の冒頭にもってきました。生命が萌え出ずる季節である、春。そんな春は、一日が始まる時間である夜明けが美しい、とすることによって、読者は新鮮な「始まり」の感覚を得ることになります。

「DAWN PURPLE」もまた、「始まり」を感じさせるアルバムです。一曲目は、「Happy Birthday to You〜ヴィーナスの誕生」という歌。タイトルだけ見ていると、バースデーソングのように思える歌なのであり、一九九一年当時の私も、歌詞をあまりよく聴かずに「誕生日の友達にカラオケで歌ってあげるような歌ではないか」と思っていたフシがある。

しかし今、ちゃんと聴いてみると、これは何と出産の歌なのでした。曲は、かなりアップテンポ。

「Dear Friend」

という呼びかけで、始まります。

「もうすぐ激しい痛みが来るわ

呼吸を整え立ち向かって
闇夜の海で目覚めた天使
光をめざし飛び立とうとしている
あなたともがいて手をつなぎ」

ということで、「激しい痛み」とはすなわち陣痛のことでしょう。つまりこれは、「もうすぐ出産しようとする友達を励ます歌」なのです。

二百万枚ものアルバムセールスをあげる超人気歌手の、最新アルバムの一曲目のテーマが「出産」というのは、何とも斬新です。少子化に悩む現在の日本において、政府の人達は、AKB48のアルバムで同じことをしてほしい、と思うのではないか。

しかしこの歌は、出産奨励というよりは、より大きな「愛」を歌っています。

「幾千年もくり返された
本当の愛を得るための苦しみが
あなたを待つのね　おめでとう」

ということなのですから。

そんなわけで、「おめでとう」は、生まれて来る赤ちゃんに対してではなく、赤ちゃんを産むお母さんに対しての言葉です。「子供を産むことによって、あなたの新しい人生が始まるのね」という意味。

生まれた子供ではなく、産んだ母を讃える。この感覚は、少子化が極まり、子供が貴重品となった今の時代にぴったりです。今、出産や子育ては、選ばれた人だけができる「お洒落行為」。出産する側も、「自分にとっても、社会にとっても意義あることをするのだ」という自負を持つことができる時代なのですから。

しかしこの歌の登場は、少し早すぎました。一九九一年当時は、どんどん晩婚化・少子化が進行する時代。一九八九年には出生率が一・五七となり、「一・五七ショック」と言われていたのです。

何がショックなのかというと、一九六六年のひのえうまの年、子供を産む人がガクッと減った時の出生率が一・五八だったのであり、それよりも減ってしまったからこその「ショック」。

ちなみに私は、そのひのえうまの生まれです。八百屋お七がひのえうまの生まれだったということで出産が忌避されるようになったということですが、昭和の時代にまだその伝説を信じる人が多かったという事実にビックリ。確かに、私の生まれた年だけ出生数も出生率も激減しており、お陰さまで競争の少ない人生を我々は送ってきました。

特殊な状況であったひのえうまの出生率をも下回ってしまったとは！ という時代に突

入したのがバブル期であったわけですが、この時代に出産する人というのは、どこか腑に落ちないものを感じていたようです。つまり、同世代の友人達はバブルに乗ってチャラチャラ遊んでいるのに、私はなぜ一人で子育てしなくてはならないの……というように。出産しない女性達も、髪を振り乱して子育てをする人達を見ては、「可哀想に」と思い、「私はまだいいわ」と出産を先延ばしに。この時代、出産はまだ「選ばれた人だけができるお洒落行為」ではなかったのです。

恋愛におけるIT時代の夜明け

そんなわけで「Ｈａｐｐｙ Ｂｉｒｔｈｄａｙ ｔｏ Ｙｏｕ～ヴィーナスの誕生」は、髪を振り乱して子育てをする人を励ます役割は果たしたものの、チャラチャラ遊んでいる人達（例：私）に「本当の愛を得るために出産しなくては」と思わせることはできませんでした。チャラチャラ遊んでいる人達は、ユーミンのニューアルバムはもちろん聴くものの、歌詞をじっくり咀嚼するわけでもなく、「出産って素敵～」とは思わなかった。

私達はこの歌の、

「前へ　前へ　前へ進むのよ　勇気だして」

という耳に残る部分だけを聴いて、「このまま遊びつづけていいのね、私」と、間違った解釈をしていました。本当は、赤ちゃんが産道を「前へ　前へ　前へ」と進むべきなのに、我々は六本木通りや青山通りを、前へ前へと進む時の行進曲代わりにしていたのですから。

このように誤聴はしていたものの、とはいえ「新しく生まれる」という感じは確かに漂ってきたこのアルバム。ユーミンというと夕暮れから夜を思わせる歌が多かったものですが、同じように薄暗くても、このアルバムで取り上げられるのは、夜明けの時間。アルバムタイトルとなった「ＤＡＷＮ ＰＵＲＰＬＥ」という曲は、別れの歌でありながら、その別れは「長い旅へ送り出す夜明け」なのです。

「Fly away
めざめたとき　私がもう見えなくても
One fine day
心配せず旅立つのよ　ドアを開けて」

ということで、飛び立つ雛鳥を見守るかのような、母性をも感じさせる歌なのでした。「ＤＡＷＮ ＰＵＲＰＬＥ」に続くのは、「インカの花嫁」「千一夜物語」と、現実離れした、物語の世界へ……。

全く別の新しさも、このアルバムにおいては提示されています。「誰かがあなたを探し

てる」という歌に登場するのは、コンピューター。主人公の女性は、彼の浮気を疑っているようです。そこで彼女は、

「合鍵を使いしのび込んでみた」

という暴挙にでるのでした。すると、

「あなたの部屋には
ぬぎ捨てたパジャマ　飲みかけのビール
つけたままのコンピューター」

という状態。彼女はさらに、

「マウスをたたいてアクセスしたなら
正体がわかる
あなたを蝕む恋のウイルスを
早く消してしまおう」

と、ストーカーか、ハッカーか、というような行為に及ぶのです。

今でこそパソコンは当たり前に皆が持つものとなりましたが、当時の状況はどうだったのでしょうか。私が就職したのは一九八九年であったわけですが、当時のオフィスにパソコンは存在していたものの、一人一台ではありませんでした。その手のものに関心が強い

人は所有していたけれど、その他は「部署に一台」という感じ。私も「へーぇ、これがパソコンってものなんだ」と、おそるおそる触っていた覚えがあります。

パソコンがオフィスや個人用として普及し始めたのは、九〇年代になってから。このアルバムが出た当時、パソコンを所有していた人というのは、時流に乗るのが早めの人、ということになります。

ちなみに携帯電話も、この時代は「皆が持つ」ものではありませんでした。まだ電話機自体が相当大きくて、街中で使おうものならかなり目立ったものです。

九〇年代前半は、すなわち一般人がIT機器に目覚めゆく時代であったわけです。そして我々は、IT機器が今後、自分達の生活をどれほど変えてゆくか、まだわかっていなかった。

しかしユーミンは既に気づいていたのだなぁと、「誰かがあなたを探してる」を聴くと、思うのです。ITは全てのシーンにおいて私達の生活を変えたわけですが、それは恋愛をも激変させるものだということを、この曲は示しています。

私は、「自分の青春時代に携帯電話が無くて、本当に良かった」と思う者です。相手とどんな時でも連絡がつくという状態は、恋愛する若者達の心を、ひとときも安心させないことでしょう。そして携帯電話であれパソコンであれ、それは個人の秘密を無尽蔵にしまってておくことができるブラックボックス。ＩＴ機器の存在によって、人と人はよりつながりやすくなったことは事実ですが、ＩＴ機器が無ければ壊れなかった関係もまた、多いのではないか。

「誰かがあなたを探してる」の主人公の女性もまた、パソコンの存在によって心をかき乱されています。彼のパソコンを見れば、彼が隠していることがわかると彼女は知っているのであり、だからこそ合鍵を使ってしのび込んでしまった。

「誰かがあなたをエディットしてる
プログラムにゴーストがいるわ」

という歌詞を聴けば、エディットとかプログラムといった言葉の意味はよくわからなかったけれど、「何か、大変そうだ」と当時からＩＴオンチだった私は思ったものです。

この歌の中には、

「OPEN YOUR FILE
OPEN YOUR MIND」

という歌詞が何度か出てきます。事象ごとにパソコンの中の「ファイル」にしまい、一つのファイルは他のファイルと混じり合うことは無いのが、コンピューターの世界。そしてコンピューターの世界では、異性とのコミュニケーションも、こっちのファイルとあっちのファイルを、きっちり分けておくことができる。「FILE」をオープンすることは、すなわち「MIND」をオープンすることであると、この曲はズバリ歌っております。

この歌の主人公はつまり、現在における「彼の携帯をつい見てしまう彼女」的な行為をしているわけです。交際相手や配偶者の携帯を見たいという誘惑に苦しみ、また実際に見てしまってさらに苦しむ人はとても多いわけですが、そんな時代の到来をこの歌は予言している。

私自身は、このアルバムが出た当時、まだＩＴが恋愛に及ぼす恐ろしい影響について、実感していませんでした。パソコンとかって格好いいし便利そうだよね、というくらいの感覚であり、この歌が鳴らす警鐘に対しても、真剣に耳を貸してはいなかったのです。

恋愛業界におけるＩＴ時代の夜明けをも宣言している、このアルバム。同時に、ＩＴ時代の恋愛が決して良い方向に向かうわけではないことも、言い当てています。

「砂上の楼閣」とバブル崩壊

子供を産むことの素晴らしさや、ＩＴがもたらす影響の甚大さ。これら「新しさ」を提示したこのアルバム最後の曲は、「9月の蟬しぐれ」です。「9月」という時期が提示されていることからもわかるように、この曲は人生の夏を終えた人の感覚を歌っています。若い頃に別れて傷ついた相手に対して、今はなぜか普通に接することができる……という内容。

「おしえて　大人になるっていうのは
もう　平気になる心
死にたい程傷ついても
なつかしいこと」

とサビで歌われていますが、青春時代の傷や痛みが懐かしく思えるようになるのが、大人になった証拠。この歌の主人公もまた、生まれ変わったのですねぇ……。

ということで静かにこのアルバムは終わるのですが、「夜明け」や「始まり」の前には、「日暮れ」や「終わり」があることを、忘れてはなりません。「9月の蟬しぐれ」の前の曲のタイトルは、「サンドキャッスル」。日本語にするなら「砂上の楼閣（さじょうのろうかく）」です。

「砂上の楼閣」が意味するものからわかるように、この歌は男女関係の「崩壊」を、軽い調子で歌っています。あるカップルが、

「世界で一番幸せと信じてた
もうシいつだってゴールインねと
からかわれてた」

というのに、どうやら事態は一変。

「砂のお城に住んでた
プリンセスとプリンスね」

ということになってしまうのです。そして、

「誰もがうらやむような
二人になれなかったね」

という結末に。

そして我々は、この歌にバブルの崩壊を重ねるのでした。きらきらと輝いたバブルの時代は案外脆(もろ)くて、あれよあれよと日本は不景気に。「サンドキャッスル」は、その〝祭が終わった感〟が濃厚な歌なのです。

信じていたものが、脆く崩れ去ってしまった後に見える、美しい紫の曙光(しょこう)。このアルバムが提示するのは、そんなものです。何かが終わるからこそ何かが始まるということを、示唆するかのよう。

しかしその後の日本を見ていると、バブル崩壊から立ち直るにあたり、思いのほか長い時間を必要としました。そしてユーミンもまた、バブル崩壊とともに、一つの転換期を迎え、精神世界的な歌が増えたように思うのです。時代を背負い続けたユーミンにとって、

バブル崩壊という事態は、決して少なくない影響を及ぼしたのではないか。

私自身の中でも、この年をもって、ユーミンとの関わり方が変化しました。バブル崩壊とともに私は、三年間勤めた会社を辞めたのですが、それと機を同じくして、ユーミンのアルバムを以前のように追わなくなったのです。光に包まれ泡に乗っていた時代が終わり、ユーミンの眩しさについていけなくなったのかもしれません。

バブルの崩壊によって自分の生活が激変したわけではありませんが、会社を辞めたことによって、私の中では「一本、裏道に入った」という意識が生まれました。そこで気付いたのは、ユーミンの歌というのは「所属している女」のための歌だということ。それは恋人であれ家族であれ学校であれ会社であれ、何らかの集団に所属し、守られている女性が聴くべき歌なのです。二十代後半を迎えようという時にいきなり無所属となった私は、ユーミン断ちをすることによって、無所属人生への覚悟を決めたように思います。

敷かれたレールを走ってきた感の強かったそれまでの私の人生において、会社を辞めるという決心は、かなり大きなものでした。今思えば、「Ｈａｐｐｙ Ｂｉｒｔｈｄａｙ ｔｏ Ｙｏｕ〜ヴィーナスの誕生」は、出産など考えもしたことがなかった私にとっても、新たなスタートを励ますように聞こえたのかも。あけぼのの美しい紫に包まれるように、私は違う世界へと旅立ったのです。

そんなわけで、ユーミンのアルバムを「読む」作業に、私はここで区切りをつけたいと思います。思えばユーミンの歌は、敷かれたレールを走っていた時代の私にとって、外の世界を夢見させてくれる窓の役割を果たしていました。ユーミンの歌によって、スキー場から山手のドルフィン、中央フリーウェイからアカプルコまで、様々な場所に自分をあてはめて「いつか私もあそこに行くことができるのかも」と夢想することができたのです。

一九九一年にレールから外れた後は、自分で自分を置く場所を決める人生が、待っていました。

「おしえて　大人になるっていうのは
もう　平気になる心」

とユーミンは歌っていますが、もう一人でどこに行っても「平気」な自分が、ここにいます。

あとがき

「ユーミンは、救ってくれすぎたんですよ」

と、ある四十代の独身女性は言いました。

たとえば失恋した時に「ガールフレンズ」を聴けば、そこに女友達がいなくとも、慰められているような気持ちになった。恋人に対する嫉妬に苦しむ時は「真珠のピアス」を聴けば、「自分だけではないのだ」と思うことができたのだ、と。

「本来ならばもっと落ち込んでいたのかもしれない人生の危機も、ユーミンのお陰で何とかくぐり抜けてきました。でも恋愛の数は豊富なのに今、私が独身でいるのは、ユーミンのせいで反省すべきところできちんと反省せずにきたせいかもしれない」

と、彼女は言います。

ユーミンが我々にしてくれたこととは、すなわち「肯定」です。「落語とは人間の業の肯定である」と、故・立川談志さんはおっしゃいましたが、置き換えるならば「ユーミンの歌とは女の業の肯定である」と言うことができましょう。もっとモテたい、もっとお洒落したい、もっと幸せになりたい……という「もっともっと」の渇望も、そして嫉妬や怨恨、復讐に嘘といった黒い感情をも、ユーミンは肯定してくれました。それも、「感情の黒さだって、時にはシックよね」と思えるように加工してくれたので、私達は女の業を解放することに罪悪感を持たずにすんだのです。

相田みつをの詩や今時のヒット曲もまた、「人間だもの」「そのままでいいんだよ」と、現状を肯定する言葉を投げかけます。しかしその手の肯定が「じゃ、何にもしないでいいんだ……」と人の心を停滞させる働きを持つとしたら、バブル期までのユーミンの歌における肯定は、「そんなことにつまずかないでがんばれ」と、人をけしかける勢いがあったのです。だからこそ私達は、失敗をしても「これでいいのね！」と後ろを振り返ることなく、さらに前に進んでいった。

ユーミンはまた、女性の様々な生き方を肯定しました。助手席に座る人生を肯定すると同時に、男にしばられず生きる人生をも肯定したのです。だからこそあの頃の女性は、「なんだかんだ言ったところで、やっぱり助手席の方が幸せよね？」と思いつつも「自分でハンドルを握るのも格好いいし……」と両者の間で揺れ、私のように揺れっぱなしで今まで来てしまった人も多いのではないか。

もちろんユーミンだけのせいではありませんが、晩婚化、少子化、社会進出に性的解放と、ユーミンの歌は、女性をとりまく様々な変化と、分かちがたく絡み合っています。日本が経済成長し、ライフスタイルが欧米化するとともに女性達が生き方を変えていく、その伴奏曲となったのがユーミンの歌だったのです。

女が内包するドロドロしたものを全て肯定し、ドロドロをキラキラに変換してくれた、ユーミン。私達は、そんな風に甘やかしてくれるユーミンが大好きでした。ユーミンが描くキラキラと輝く世界は、鼻先につるされた人参のようだったのであり。その人参を食べたいがために、私達は前へ前へと進んだのです。

鼻先の人参を、食べることができたのかどうか。それは今もって判然としないところなのですが、人参を追っている間中、「ずっとこのまま、走り続けていられるに違いない」と私達に思わせたことが、ユーミンの犯した最も大きな罪なのではないかと、私は思っています。

ユーミンは、私が初めて出会った「大人になってもおばさんにならない女性」でした。何歳になっても格好いいユーミンという女性が実在するということは、もしかすると自分もそうなることができるかも、という可能性を、ユーミンは示してしまったのです。

ユーミンが「永遠」に対して並々ならぬ関心を抱いているということは、本文中で何度も指摘をしてきました。私達はユーミン本人を見て、そしてユーミンの歌を聴いて、「永遠って、あるのかもしれない」と思うことができたのです。

日本人は古来、無常という言葉にうっとりしがちな心情を持っています。永遠への夢が断たれて無常に接すると急におセンチになり、詩的な言葉を紡いでしまう。

ユーミンの歌の中には、無常を嘆ずるものがとても多いことは今まで記してきた通りですが、刹那の輝きを歌う無常ソングと、永遠を求める永遠ソングは、互いを引き立て合う存在です。「この世は、無常。だからこそ永遠は、挑戦する価値があるものなのだ」と、その対比が示しているよう。

永遠の生命、永遠の若さ、永遠の名声。今まで古今東西様々な人が「永遠」を求め、そして敗れてきました。永遠とは宗教の領域の問題であり、並の人が手を出すことはできないというのが、普通の考え。

しかしユーミンはそこで、堂々と永遠を追求する姿勢を見せるのです。永遠を欲する気持ちこそ、実は人間にとって最も深い業であるわけですが、ユーミンはその業をも肯定している。

二〇一二年、ユーミンはデビュー四十周年を迎えました。NHKでは特別番組を放送し、そのタイトルは「松任谷由実デビュー40周年　はてない夢の旅」。ここにも永遠を求める気持ちは、表れています。

その番組の中で強く印象に残ったのは、

「自分の歌が、詠み人知らずの曲として、残っていってほしい」
といった、ユーミンの言葉でした。誰がつくったのかはわからなくとも皆が知っているような歌として、自分の歌がずっと残り続けてほしいということでしょう。

確かに上質なメロディーというのは、古びないものです。クラシック音楽を聴いてもわかるように、作り手は亡くなろうとも、メロディーの輝きは滅しない。

ユーミンが求める永遠とは、「いつまでも若く美しく」といった、卑近なものではないのでしょう。永遠に普遍性を持つメロディー、時代によって変わらない精神のある部分に訴え続ける言葉。それらを兼ね備えた自身の歌が残り続けるという永遠を、欲している。

ユーミンは、覚悟と自信とともに、堂々と「永遠」を求めます。その姿勢は、無常にうっとりする甘美さが大好きな私から見ると、眩しくてなりません。「永遠なんて、手に入るわけがない」と思い込むことによって面倒を回避している自分が、卑怯にも感じられるのです。

嗚呼、そんな風に思わせるのもまた、ユーミンの罪。ユーミンを聴く度に「もっと自分はどうにかできるのではないか」と思わされる気分から解放される日は、それこそ「永遠」に、やって来ないのかもしれません。

デビューアルバムからバブル期まで、ユーミンの時代を振り返ることによって、女性と世の中の変化を検証する作業は、ここで一段落となります。私の場合は「DAWN PURPLE」までの時期を切り取ることとなりましたが、ユーミンファンの数だけ、「ユーミンとの蜜月」ストーリーは存在します。本書をきっかけに、さらに皆様の心の中のユーミン像を膨らませていただければ幸いです。

一ユーミンファンとして、ユーミンのアルバムを時代を追って「熟聴」することは、楽しくもあり、また自分の人生を見つめ直すようで、ちょっとテレながらの作業でもありました。そんなわけでユーミンは私にとって「罪な女」ではありましたが、しかし青春時代をユーミンの歌と共に過ごすことができたことは幸せであったと、改めて感じた次第です。

最後になりましたが、単著としては初めての新書となった本書の刊行に当たっては、講談社小説現代出版部安藤茜さん、現代新書出版部井本麻紀さんに、大変お世話になりました。最後まで読んで下さった皆様へとともに、御礼申し上げます。

二〇一三年　秋

酒井順子

※本書は「小説現代」二〇一二年一月号〜二〇一三年八月号に連載された「文学としてのユーミン」を改題、大幅に加筆したものです。

※本文中の歌詞については、『３７１＋１　松任谷由実歌詞集』（集英社）に従いました。

※各章扉の各年の出来事については、『新装版　１９７０年大百科〜サイケから仮面ライダーまで』『新装版　１９８０年大百科〜超合金からＹＭＯまで』『１９９０年大百科〜おニャン子からバブルまで』（以上、宝島社）、『増補版　20世紀全記録（クロニック）』（講談社）を参考にしました。

講談社現代新書　2233

ユーミンの罪（つみ）

二〇一三年一一月二〇日第一刷発行　二〇一三年一二月三日第二刷発行

著　者　酒井順子（さかいじゅんこ）　

発行者　鈴木　哲

発行所　株式会社講談社
東京都文京区音羽二丁目一二―二一　郵便番号一一二―八〇〇一

電　話　出版部　〇三―五三九五―三五二一
販売部　〇三―五三九五―五八一七
業務部　〇三―五三九五―三六一五

装幀者　中島英樹

印刷所　大日本印刷株式会社

製本所　株式会社大進堂

定価はカバーに表示してあります　Printed in Japan

ジャケット写真提供　UNIVERSAL MUSIC/EMI Records Japan

JASRAC　出1314073-302

N.D.C.914　278p　18cm
ISBN978-4-06-288233-0

「講談社現代新書」の刊行にあたって

教養は万人が身をもって養い創造すべきものであって、一部の専門家の占有物として、ただ一方的に人々の手もとに配布され伝達されうるものではありません。

しかし、不幸にしてわが国の現状では、教養の重要な養いとなるべき書物は、ほとんど講壇からの天下りや単なる解説に終始し、知識技術を真剣に希求する青少年・学生・一般民衆の根本的な疑問や興味は、けっして十分に答えられ、解きほぐされ、手引きされることがありません。万人の内奥から発した真正の教養への芽ばえが、こうして放置され、むなしく滅びさる運命にゆだねられているのです。

このことは、中・高校だけで教育をおわる人々の成長をはばんでいるだけでなく、大学に進んだり、インテリと目されたりする人々の精神力の健康さえもむしばみ、わが国の文化の実質をまことに脆弱なものにしています。単なる博識以上の根強い思索力・判断力、および確かな技術にささえられた教養を必要とする日本の将来にとって、これは真剣に憂慮されなければならない事態であるといわなければなりません。

わたしたちの「講談社現代新書」は、この事態の克服を意図して計画されたものです。これによってわたしたちは、講壇からの天下りでもなく、単なる解説書でもない、もっぱら万人の魂に生ずる初発的かつ根本的な問題をとらえ、掘り起こし、手引きし、しかも最新の知識への展望を万人に確立させる書物を、新しく世の中に送り出したいと念願しています。

わたしたちは、創業以来民衆を対象とする啓蒙の仕事に専心してきた講談社にとって、これこそもっともふさわしい課題であり、伝統ある出版社としての義務でもあると考えているのです。

一九六四年四月　野間省一

世界史I

834 ユダヤ人――上田和夫
934 大英帝国――長島伸一
959 東インド会社――浅田實
968 ローマはなぜ滅んだか　弓削達
1017 ハプスブルク家――江村洋
1019 動物裁判――池上俊一
1076 デパートを発明した夫婦　鹿島茂
1080 ユダヤ人とドイツ――大澤武男
1088 ヨーロッパ「近代」の終焉――山本雅男
1097 オスマン帝国――鈴木董
1151 ハプスブルク家の女たち　江村洋
1249 ヒトラーとユダヤ人　大澤武男

1252 ロスチャイルド家　横山三四郎
1282 戦うハプスブルク家　菊池良生
1306 モンゴル帝国の興亡〈上〉――杉山正明
1307 モンゴル帝国の興亡〈下〉――杉山正明
1314 ブルゴーニュ家――堀越孝一
1321 聖書vs.世界史――岡崎勝世
1366 新書アフリカ史――宮本正興・松田素二 編
1389 ローマ五賢帝――南川高志
1442 メディチ家――森田義之
1486 エリザベスI世――青木道彦
1557 イタリア・ルネサンス――澤井繁男
1572 ユダヤ人とローマ帝国　大澤武男
1587 傭兵の二千年史――菊池良生

1588 現代アラブの社会思想　池内恵
1664 新書ヨーロッパ史 中世篇　堀越孝一 編
1673 神聖ローマ帝国――菊池良生
1687 世界史とヨーロッパ　岡崎勝世
1705 魔女とカルトのドイツ史――浜本隆志
1712 宗教改革の真実――永田諒一
2005 カペー朝――佐藤賢一
2070 イギリス近代史講義――川北稔
2096 モーツァルトを「造った」男――小宮正安
2189 世界史の中のパレスチナ問題　臼杵陽

世界史Ⅱ

930 フリーメイソン——吉村正和
971 文化大革命——矢吹晋
1085 アラブとイスラエル　高橋和夫
1099 「民族」で読むアメリカ　野村達朗
1231 キング牧師とマルコムX　上坂昇
1283 イギリス王室物語——小林章夫
1337 ジャンヌ・ダルク——竹下節子
1470 中世シチリア王国——高山博
1480 海の世界史——中丸明
1746 中国の大盗賊・完全版——高島俊男
1761 中国文明の歴史——岡田英弘
1769 まんが パレスチナ問題　山井教雄
1937 ユダヤ人 最後の楽園——大澤武男
1966 〈満洲〉の歴史——小林英夫
2018 古代中国の虚像と実像　落合淳思
2025 まんが 現代史——山井教雄
2120 居酒屋の世界史——下田淳
2182 おどろきの中国　橋爪大三郎 大澤真幸 宮台真司

心理・精神医学

知的生活のヒント

文学

趣味・芸術・スポーツ

日本語・日本文化